SARAH MERANER

Wörter Vernissage

Sarah Meraner

Wörter Vernissage

ANTHOLOGIE

Dieses Buch ist auch als E-Book erhältlich.

Bibliografische Information der Deutschen Nationalbibliothek:
Die Deutsche Nationalbibliothek verzeichnet diese Publikation in
der Deutschen Nationalbibliografie; detaillierte bibliografische
Daten sind im Internet über http://dnb.dnb.de abrufbar.

1. Auflage 2020

© der Originalausgabe: 2020 Sarah Meraner
Lektorat und Korrektorat: Verena Steiner, clicktext GmbH
Umschlaggestaltung: Sarah Meraner
Autorenfoto: © Ivo Tamburini
Herstellung und Verlag: BoD – Books on Demand, Norderstedt
ISBN: 978-3-7526-4789-1

Für alle, die mir mit ihren Worten den Mut für meine geben.

Worte sind mein Leben,
sie führen mich von Tal zu Tal.
Sie sind mein Ausbruch aus dem Alltag,
mein Universum allemal.

VIERZEILER

Verschlossenes Haus

Mein Gewissen ist ein Haus

mit fest verschloss'nen Türen.

Mal ist's lauter und mal leis',

doch ich kann es pochen spüren.

Himmelsleiter

Wie groß es ist, was ich da fühl',

wenn ich das beschreiben müsst',

bräucht' ich eine Himmelsleiter –

ob du nachkommst und mich küsst?

Alpträume

Ich mach' zwar nachts die Augen zu,

doch wirklich schlafen kann ich nicht,

weil tief in meiner inn'ren Welt

meine äußere in Stücke bricht.

Konturen

Ich sehnte mich nach Konturen,

scharf und strikt gezogen.

Klare Linien, die mir zeigten,

das Leben hätt' mich nie betrogen.

Frei Auge

Ein Rezept fürs große Ganze,

nun, das hab ich leider nicht.

Weil am Ende einzig das Gefühl

entscheidet und für mein Leben spricht.

Achterbahn

Das mit der Achterbahn, das stimmt wohl,

und ich genieß' die wilde Fahrt,

weil der liebste Mensch der Welt

mir den freien Fall erspart.

Rebell

Wenn ich groß bin, ja so dacht' ich,

verläuft's genauso, wie ich will.

Doch das Leben ist ein Rebell

und auch mal lauter, nicht nur still.

Meine Entscheidung

Was ich tu, entscheide ich allein

und nicht ein jeder muss versteh'n.

Denn was mein Glücklich-Sein betrifft,

das kann nun mal kein andrer seh'n.

Pssst ...

Es gibt Dinge, die ich rausschrei,

doch es bleibt Vieles ungesagt.

Stille Wasser sind so tief

und werden meist nicht viel gefragt.

Masken

Tausend Gesichter, tausend Rollen –

ich spiele sie jeden neuen Tag.

Manche von ihnen lieb' und bin ich,

bei manchen weiß ich nicht, ob ich sie mag.

Vorhang auf!

Unberechenbar – mal so, mal so,

wer weiß schon wirklich, wie sie tickt.

Es liegt am Licht der großen Bühne

und mit welcher Rolle sie bestickt.

Vorlaut

Ich denke immer, meist zu viel,

und was ich denke, sag ich laut.

Und weil's zu laut ist, was ich sage,

hab ich mir schon viel verbaut.

Gesucht

Ich suche sie, seit Jahren schon,

und halte sie dann nur schwer aus.

Die Liebe finden ist ein Wunder,

sie zu halten verdient Applaus.

Taumeln

Es war, als ob ich ständig schliefe,

denn alles wirkte wie geträumt.

Doch das Leben war zu echt –

oh, beinah' hätt' ich es versäumt.

Tränen

Sie fließen, haben mich nicht vorgewarnt.

Du fängst sie auf, ganz sanft und still,

mit deinen Händen, den schönen, starken,

sodass ich mehr noch weinen will.

Schuss nach hinten

Eigentlich wollt' ich dich berühren,

so tief, dass dich ein Blitz durchzieht.

Doch mein Versuch war zu brisant:

Ich bin's selbst, wohin der Blitz nun flieht.

Aufstehen

Ein paar Mal hat es zugeschlagen:

Das Leben, es traf sie ziemlich schwer.

Am Boden lag sie, doch sie wusste:

Leben wollte sie – noch mehr!

Fantasiewelt

Ganz tief drin, in Kopf und Herz,

sitzt die Illusion, das Wunderland.

Sie ist die Zuflucht allen Lebens

und ist als Fantasie bekannt.

Nicht mehr

Nein, ich brauch' nicht mehr als das,

was schon direkt vor mir liegt.

Denn ganz genau das ist es,

was mich immer wieder grade biegt.

Kraftakt

Ich liebe tief, unglaublich tief,

und glaube doch nicht, dass ich's kann:

das Ding mit der großen Liebe

einfach schaukeln irgendwann.

Wiedergeburt

Du warst ein wirres Labyrinth –

oh, was hab' ich mich darin verloren!

Und wie ich endlich rausgekommen,

wurde ich ganz neu geboren.

Nicht schreien

Wütend bin ich, schrecklich wütend,

am liebsten möchte ich ganz laut brüllen.

Doch als Frau, da ziemt es sich,

sich mit stiller Wut zu überfüllen.

Bis dass das Leben uns scheidet

Wenn eine kleine Welt zerbricht,
ein Kreis, der sich Familie nannte,
ist dies ein ungewollter Aufbruch
ins furchtbar große Unbekannte.

Selbstliebe

Sich selbst zu lieben, ja das ist

wohl der Liebe schwerster Akt.

Denn meistens pocht das eig'ne Herz

Nicht im gesellschaftlichen Takt.

Mut(ige)

Der Mut gehört zu den Schüchternen.

Man muss ihn schubsen ab und zu,

hinauf auf seine große Bühne,

damit er wachsen kann – wie du.

In der Norm

Immer lächeln müssen, nicken stets,

fröhlich sein und angepasst?

Der freundlich' Zwang des Wollen-Müssens

ist mir – verzeihen Sie bitte – sehr verhasst.

Abweichen

Der Weg des 08/15-Lebens

ist der, den alle wählen sollen.

Vielleicht ist Nummer 07/13

aber der, den ein paar gehen wollen!

Ohne Ausnahme

Freiheit, Liebe, Magie und Glück –

ein jeder sucht die „großen Vier".

Es ist nur – du musst versteh'n:

Sie liegen ausnahmslos in dir.

Inkorrekt

Vorübergehend war das Bild ok,

das andere von mir besaßen,

bis ich dann von selbst bemerkte,

dass sie in falschen Büchern lasen.

Vergänglichkeit

Nur eins weiß ich ganz zweifelsohne,

und zwar, dass gar nichts sicher ist.

Und die Veränderung bezweckt,

dass man das Schöne nie vergisst.

Lebensretter

Im lauten Rausch, da sah ich dich:

ein unerwartet Hoffnungsblick!

Du sahst, was ich schon längst vergaß,

und holtest mich ins Jetzt zurück.

Großmutters Vermächtnis Teil 1

„Begreifen kann man nur", erzählte einst ihr Lied,

„was man mit eigenen Augen sieht,

was man mit den eig'nen Händen berührt

und man mit dem Herzen selber spürt."

Großmutters Vermächtnis Teil 2

„Die Freiheit eines jeden Wesens",

so hatte sie sehr oft betont,

„ist das, wofür es sich am Ende

am meisten doch zu leben lohnt."

GEDICHTE

Gute Lüge

Nichts, was du getan hast.

Nichts was du sagtest.

Nichts, was du je versprochen hast,

war auch nur ein kleines bisschen wahr.

Und diese Lüge war genau das,

was ich in jenem Augenblick brauchte.

Poch Poch

Wohnst du hier,
an diesem Ort?
Sag: Bleibst du hier?
Sag: Gehst du fort?
Öffnest du die Tür
nur einen kleinen Spalt,
versprech ich dir:
Ich komm ganz bald.
Und zeigst du mir
ein Stück vom Leben,
versprech ich dir:
Ich werd' alles geben.
Dich zum Lachen bringen
und Lieder singen,
zu denen wir einst getanzt.
Bevor du gingst an diesen Ort.
Bevor du gingst
und du warst fort.

Und ich bebe.

Bebe, weil du mich berührst,

und ich merk' nicht mehr,

wo mein Körper anfängt

und mein Herz aufhört.

Durch die verwitterten Träume

führt noch ein schmaler, kaum sichtbarer Pfad.

Und dort, am Ende, da funkelt noch einer,

gold-glänzend.

Du warst da,

aber du sahst mich nicht.

Du warst da,

aber du hörtest mich nicht.

Du warst da,

aber du hast nur genommen.

Du warst da,

aber du hast geschwiegen.

Du warst da,

aber deine Seele fort.

Utopie Poesie

Wenn Wörter tanzen,
Sprache liebt
Und Stimmen durch die Welt flanieren.
Wenn Buchstaben bunt werden,
Dichtung weint
Und Schriften mit Papier verschmelzen.
Wenn Muster brechen,
Salamander fliegen
Und Helden endlich Röcke tragen –
Dann musst du nicht mehr fragen:
Was ist Poesie?
Denn dann, oh ja, dann spürst du sie.

Egotanz

Kennst du dich,
So voll und ganz?
Ich bitte dich
Zum Egotanz.
Dies ist meiner:

Mir ist's egal,
Ob man mich mag.
Und es ist ehrlich,
Was ich sag.

Verzweifle schnell,
Fass neuen Mut.
Ich weiß, was schlecht ist
Und was gut.

Bin ein Naturmensch,
Mag die Stadt.
Seh mich am Leben
niemals satt.

Hab Stolz und Zweifel,
Lache lieber.
Versteck mich mal,
hör stille Lieder.

Träum' mich oft
in ferne Welten,
in der völlig andre
Regeln gelten.

Falle tief,
Greif' deine Hand.
Hüll mich oben
In Goldgewand.

Schreie laut
Und weine leis'.
Such nach dem,
Was ich schon weiß.

Mag mich oft nicht
Und mag mich sehr.
Möchte unendlich sein,
So wie das Meer.

Möchte laufen,
Möchte fort,
Ich zieh von hier
zum andern Ort.

Leg keinen Wert
auf großes Geld.
Ich such nach Größerem,
was zählt.

Ich wird mal böse
Und bin doch meist gut.
Ich helf gern weiter,
Habe Mut.

Mach Dinge falsch
Und nicht nur richtig.
Nehm mich selbst
Auch mal zu wichtig.

Bin nicht nur so
Und das andre nicht.
Drum ist's so wirr,
Mein Ich-Gedicht.

Und du?
Kennst du dich ganz?
Nun bitt' ich dich,
Zum Egotanz.

Mein Glücksmoment

Im Grün des Baums läuft es klammheimlich
Den Blätterrand hinauf und –ab.
Das Glück hat's eilig offenbar,
Denn die Welt hält es auf Trab.

Zur gleichen Zeit soll's immerzu
Überall, bei jedem sein.
Es denkt: Wie soll ich das denn schaffen?
Ich bin doch manchmal bloß so klein!

Mit sechs Beinen, schwarzen Punkten
Habe ich das Glück nun still entdeckt:
Im Kirschenbaum, voll warmer Sonne,
war mein Glücksmoment versteckt.

Das Gefühl

Hab zwar schon von ihm gehört,
doch gespürt hab ich's noch nicht.
Was soll ich tun, mit dem Gefühl,
das da leise zu mir spricht?

Ich nehm es an, ich scheuch's nicht weg,
am Ende wird ja alles gut.
Und das Gefühl ist nur so lang da,
bis es wieder still und leise ruht.

Mondsüchtig

Süchtig nach Veränderung

Nach dem Vollendet-Sein,

um dann wieder kleiner,

zu einem unganzen Ich zu werden.

Süchtig nach einem Neuanfang,

nach dem Wachsen

und einem krönend-strahlenden Abschluss.

Mittendrin

stecke ich im Nirgendwo

Irgendwo

stecke ich im Chaos

Los will ich und dorthin

Nicht da

wo ich jetzt bin

Wenn ich schreibe

Ich bin Mann und Frau,
Oft Kind und Tier,
Bin Blume, ja, ein treibend' Boot.
Lebe heute, gestern, morgen,
Lache laut und fliege,
Fürcht' mich schweigend, leide Not.

Und ich schlaf' in fremden Betten,
Entdecke Briefe, funkelnd' Schätze.
Und ja, ich reis' wohin ich will.
Bin glücklich, traurig oder wütend,
Frei und ständig unter Druck.
Bin verrückt und laut und auch mal still.

Bin ein Samen in der Wüste,
Bin gefeiert und verflucht.
Und ja, ich bin verloren in der Welt,
Möchte träumen und will feiern,
Bin Genie, Erfinder, Mutter,
Bin selbst die Säule, die mich hält.

Der Blick

Ich richt' den Blick
tief in dein Herz.
Ich kann ihn fühlen,
deinen Schmerz.

So lehn dich an,
lass uns nicht reden.
Wir harren aus –
bis zum nächsten Leben.

Selbstlüge

„Er hat doch nur ..."
„Ich hab bestimmt ... "
„Es ist ja bloß ..."
„Ist gar nicht schlimm."

„Tut nicht so weh!"
„Es ist, weil ich ..."
„Passiert ganz selten."
„Er will's doch nicht."

„Er ist schon lieb,
von Zeit zu Zeit."
„Er ist nicht Schuld."
„Es tut mir leid."

Hypnotisiert

Wie hypnotisiert.
Von deinen Worten
und deren Worten
und all den Orten,
die uns immer tiefer reinzogen.
Immer tiefer reinzogen.
Haben unsere Wogen
nie geglättet.
Doch ich war wie hypnotisiert
von diesem Up and Down.
Und ich hab mir verboten
und uns verboten
nach vorne zu schauen.
Denn ich war wie hypnotisiert,
paralysiert.
Wir haben's genossen,
Ich hab's genossen.
Bin unter all diesen Händen
… zerflossen.

Das hellste Licht

War's auch bei dir mal dunkel,
tiefe Nacht?
Sag: Wer hat dir
dein Licht gebracht?

Behalt' den Menschen
nah' bei dir.
Sei ihm dankbar,
genau dafür.

Dein Leben lang:
Vergiss es nicht
und sei auch du für ihn
sein hellstes Licht.

Silberstreifen

Es kommt der Punkt, so ab und an,
an dem man nur noch denken kann:
„Ich pack das nicht, ich kann nicht mehr.
Es ist zu viel, es wiegt zu schwer."
Ist voll ok, mal liegen zu bleiben,
im eignen Schmerz dahin zu treiben.
Und fest versprochen: Irgendwann,
da brechen andre Tage an.
Man findet Silberstreifen und versteht,
dass Leben aus Licht und Dunkelheit besteht
– und es immer, immer weitergeht.

GEDANKENSPLITTER

Das Leben ist ein Rummelplatz …

Viele Menschen, eine Menge Hektik,

ein Überangebot an Süßem

und ein Hinterherjagen

nach aufblitzenden Glückssekunden.

Nein, Superman, flieg ruhig weiter.

Ich brauche dich nicht.

Ich setze mich lieber auf nen sicheren Ast

und lerne von den Vögeln das Fliegen.

Die großen Drei

Liebe, Hoffnung, Menschlichkeit –

denn nichts wären wir ohne die Wunder dieser Welt.

In meinem Kopf,

da gibt es eine Ansammlung,

eine Galaxie an bunten Wörtern,

funkelnden Sätzen

und Geschichten.

Lost in your own ocean…

…and only art, words and music can save you.

Tu, was du liebst, und du wirst sein, wer du bist.

Lieber mal ein bisschen lieben.

Wir atmeten die Herzen ein,

wie Luft.

Der Leser.

Gefallen.

Tief gefallen in die Geschichte –

und ein Stück von sich dort gelassen.

Durch die Hand die Gedanken fließen lassen –

das Ehrlichste, was ich tue.

Wie ein Atemzug.

Eine Sternschnuppe.

Wie ein Sekundenschlag in Jahrmillionen.

Wir sind ein Augenblick.

Flüchtig.

Hören, was dein Gegenüber verschweigt.

Fühlen, was er fühlt.

Sehen, was der andere übersieht

– Freud und Leid eines Schreibers.

Inspiration und Erschöpfung.

Lass uns dorthin gehen,

wo der Regen lauter

und der Donner uns näher ist.

Wo das Licht eine andere Farbe hat

und uns die Welt da draußen

nichts anhaben kann.

Lass uns genau dorthin gehen.

Nur für einen Tag.

TEXTE ZUM NACHDENKEN & POETRY SLAMS

Lasst uns dieses Leben leben, als wäre es ein großes Fest – mit zu lauter Musik und Zuckerwatte-Ständen, mit ein paar Gläsern Wein.

Lasst uns dieses Leben leben, als wären wir alle Kinder – mit neugierigen Augen, offenen Herzen und der Selbstverständlichkeit, seinen Gefühlen freien Lauf zu lassen.

Lasst uns dieses Leben leben, als wäre es ein Schmetterling auf einer Blume – bunt, zart, zerbrechlich und ein Moment von kurzer Dauer.

Lasst uns dieses Leben leben, als wäre es eine Reise – mit atemberaubenden Berggipfeln, pulsierenden Städten und einem Horizont, der niemals endet.

Lasst uns dieses Leben leben, als wäre es ein Gedicht – voller wunderschöner Worte, die man noch in hunderten von Jahren lesen wird.

Lasst uns dieses Leben leben, als wäre es eine Bühne – eine, auf der wir alle Platz haben.

Lasst uns dieses Leben leben, als wäre es das Meer – mal wild, mal friedvoll, aber immer tief, bunt und geheimnisvoll.

Lasst uns dieses Leben leben, als wäre es … das einzige, das uns geschenkt ist.

Zwischen den Welten

Ich bin groß genug, um zu verstehen, dass Glück nur in einem selbst heranwächst. Aber ich bin noch zu sehr Kind, um zu begreifen, warum man trotzdem ständig auf der Suche nach etwas ist.

Ich bin groß genug, um zu verstehen, warum laut sein wichtig ist, um gehört zu werden. Aber ich bin noch zu sehr Kind, um zu begreifen, warum es manchmal besser ist, still zu sein und nur zu denken, was man glaubt.

Ich bin groß genug, um zu verstehen, dass Liebe das Wertvollste auf der Welt ist. Aber ich bin noch zu sehr Kind, um zu begreifen, warum sie so höllisch wehtun kann.

Ich bin groß genug, um mich selbst ganz ok zu finden. Aber ich bin noch zu sehr Kind, um zu begreifen, warum man hie und da immer wieder mal mit sich hadert.

Ich bin groß genug, um zu verstehen, was richtig ist und was falsch. Aber ich bin noch zu sehr Kind, um zu begreifen, warum oft das, was sich richtig anfühlt, falsch sein soll.

Für manches bin ich groß genug
und für viele Dinge zu sehr Kind.
Doch erinnern uns die Fragen im Herzen
ans Echte – und daran, wer wir wirklich sind.

Wir sind Bücher, Kapitel um Kapitel geschrieben,
Wort um Wort aneinandergereiht.
Zeit füllt unsere Seiten mit Achterbahn-Gefühlen,
Wichtig-Gedanken und Unwichtig-Gedanken,
beeindruckenden Erlebnissen,
herben Enttäuschungen,
Menschen-Fehlern,
aus dem Tiefsten aufsteigende Freudentränen,
kleinen und gigantischen Heldentaten,
schmerzvollen Verlusten,
leidenschaftlicher Liebe,
unerwarteten Abenteuern
und den unzähligen anderen großen Dingen,
die ein gutes Buch eben ausmachen.
All unsere Geschichten müssen erzählt werden.
Würden sie es nicht,
was würde dann von uns übrig bleiben?

Vielleicht sollten wir alle mal unser bisheriges Leben von außen betrachten. Zurückblicken und sehen, was wir bereits alles gemeistert und geschafft, erlebt und überlebt haben. Wie viele Geschichten wir geschrieben und welche Kapitel wir abgeschlossen haben. Erkennen, wie weit wir auf unserem Weg schon gekommen, obwohl wir immer wieder hingefallen sind. Wie oft wir dann wieder aufgestanden und sogar über uns hinausgewachsen sind. Vielleicht sollten wir einfach mal stolz auf uns sein.

Ach, was wäre ich gerne ab und zu eine Ameise,
dann könnte ich, wann immer ich wollte,
auf einen Grashalm klettern
und den Blick nach unten schweifen lassen.
Von dem Grashalm aus, oh, welch eine Aussicht hätte ich da!
Unter meinen Füßen, sechs an der Zahl,
läge die Welt in all ihrer grünen Pracht.

In mir

Es gibt diese Tage, an denen bin ich ganz bei mir. Da bin ich
angekommen, bei mir. Da bin ich ganz ich, in mir drin. Da ist in mir
drin alles in Reih und Glied. Da bin ich ganz bei mir und ich weiß
genau, was mir gut tut und was mir nicht gut tut, und da habe ich
den Mut, das alles zu unterscheiden und bin ganz im Reinen.
Mit mir.

Dann gibt es diese Tage, da lös' ich mich auf, in mir drin, und alles
verschwimmt, in mir drin, und da bin ich ganz plötzlich ganz weit
weg von mir selbst. Da sehe ich mich von außen und mein Blick
fällt zu tief in mich hinein. Dann weiß ich auch nicht mehr, was mir
gut tut und was mir nicht gut tut, und da fehlt mir der Mut, alles
wieder zusammenzutragen und zu ordnen. Und ich wünschte, ich
wäre wieder im Reinen.
Mit mir.

Palast

Ich schreibe, um meine Schwächen loszuwerden – und sie zur
Stärke zu machen.
Ich schreibe, um meinen Gedanken und Gefühlen ein neues
Zuhause zu geben – und sie nicht zu verschwenden.
Ich schreibe, um mich zu befreien – und um nicht in mir selbst
gefangen zu sein.
Ich schreibe, um mir selbst ganz nah zu sein – und zu erkennen, wer
ich bin.
Ich schreibe, um all jenes zu sein, was ich nicht bin – und in fremde
Existenzen zu schlüpfen.
Ich schreibe, um das alles um mich herum zu verstehen – oder mich
von all dem abzuschirmen.
Ich schreibe, um 1.000 Leben zu leben und 1.000 Welten zu erleben
– und das, obwohl ich nur dieses eine Leben in dieser einen Welt
habe.
Um meinen Ideen einen Palast zu errichten – darum schreibe ich.

Größer als das

Und ich erinnere mich. Und ich erinnere mich.
Als es mir noch nicht egal war, was sie redeten. Was sie
behaupteten. Als ich noch nicht wusste, dass es ihnen doch
eigentlich ganz egal sein konnte, was ich tat und warum ich es tat.

Und ich erinnere mich. Und ich erinnere mich.
Als ich mich noch klein fühlte deswegen, richtig unsicher. Als ich
weniger ich war, um mehr wie sie zu sein, obwohl es ihnen doch
eigentlich ganz egal war, wer ich war.

Und ich erinnere mich. Und ich erinnere mich.
Als ich mich dann immer mehr verloren fühlte und ich meine
kostbare Zeit mit ihnen verschwendete. Als ich noch nicht begriff,
was wirklich zählt, und dass es ihnen doch eigentlich ganz egal war,
dass ich da war.

Heute erinnere ich mich immer wieder selbst daran, dass nur ich
allein wissen muss, was ich tue und warum ich es tue, und dass ich
am besten gar nicht hinhöre. Und wenn ich was höre, dann
schmunzle ich darüber. Ich erinnere mich immer wieder daran, dass
es den anderen am Ende gar nicht um mich geht, sondern nur um
sich selbst. Und dass ich am Ende eigentlich viel zufriedener bin,
als sie es wahrscheinlich sind. Ich erinnere mich immer wieder
daran, dass ich die Zeit lieber mit denen verbringe, die schätzen,
dass ich da bin und mit denen meine Lebenszeit zu einer kostbaren
Erinnerung wird.

Und ich erinnere mich. Ja, ich erinnere mich.

Es ist dein Lachen.

Es ist deine Stimme.

Es sind deine Bewegungen
und dein Wesen.

Das, was du sagst
und vor allem das, was du tust.

Es ist das Leuchten in deinen Augen
und das, was dich tief berührt.

Es ist deine Liebe.

Es ist die Sonne, die strahlt, wenn du den Raum betrittst,
und das Gefühl, das du beim Hinausgehen hinterlässt.

Es ist all das, was am Ende deines Lebens von dir übrig bleibt.

Und deine schöne Hülle ist: nichts.

#beyourownsuperhero

Gerettet werden.
Von der Zeit, die verstreicht und die Wunden kleiner macht. Von
Mut machenden Worten. Von Sonnenaufgängen, sie so magisch und
voller Neuanfang sind, dass wir gar nicht anders können, als den
Tag zu beginnen.

Gerettet werden.
Von Menschen, die uns auf unserem Weg begegnen und uns mit
ihrem Wesen inspirieren. Mit ihrer Stimme. Ihren Ideen.

Gerettet werden.
Von Berührungen. Vom In-den-Arm-und-an-die-Hand-genommen-
Werden. Von Gesprächen, die uns immer wieder zum Lachen
bringen, und kleinen Gesten, die das Herz erwärmen.

Gerettet werden.
Von Träumen, die in uns heranreifen, und neuen Perspektiven. Von
der Liebe, die uns so warm hält, dass wir nie in ihr erfrieren, und
vom Gefühl, heimzukommen. Von einer Reise oder einem Ort, in
den wir tief eintauchen können – ganz ohne die Luft anzuhalten.

Uns selbst retten.
Uns die Zeit geben, die wir brauchen. Die Mut bringenden Worte
und lieben Gesten in unser Herz lassen. Hinsehen, wenn die Sonne
aufgeht, und uns auf Begegnungen einlassen. Hinfühlen und uns in
die Arme anderer fallen lassen. Wieder lachen, weiterträumen und
nach vorne schauen, immerzu. Uns von der Liebe wärmen lassen.
Uns von der Liebe wärmen lassen und nach Orten suchen, an denen
wir kurzzeitig verschwinden – um dann wieder gestärkt
zurückzukommen. Denn die einzigen Superhelden, die uns am Ende
retten, sind … ja, wir selbst.

Busfahrt

Das Leben ist ein Bus und ich fahre ihn. Tagtäglich, Stunde um Stunde, von Station zu Station. Ich befahre die breiten, ins Unendliche führenden Highways und die engen, verwinkelten Wege, auf denen man bei Gegenverkehr ins Stocken gerät. Wo es beim Aneinander-vorbei-Fahren um Millimeterarbeit geht. Ich fahre auf Schnellstraßen, die Laune machen, und durch 30er-Zonen, in denen man ganz besonders auf andere achten muss. Straßen, die einfach nur geradeaus gehen und bei denen die Sicht gut ist, aber auch solche mit scharfen und gefährlichen Kurven. Welche, die rauf gehen und wieder runter, und auch jene, die rutschig oder voller Schlaglöcher sind.

In meinen Bus steigen viele Menschen ein. Einige fahren eine kurze Strecke mit, um an der nächsten Haltestelle wieder auszusteigen. Viele bleiben drin sitzen, weil es einfach schön ist, den Weg gemeinsam zu fahren. Es gibt nette Gespräche, viel zu lachen und zu bestaunen. Denn unterwegs, da gibt es wirklich unzählige schöne Dinge. Und dann gibt es noch die, die immer wieder mal zusteigen, zufällig, weil sie an der gleichen Haltestelle warten wie mein Bus.

Ja, als Busfahrerin erlebt man so einiges. Begegnungen, Geschichten, Rutschpartien, Chaos und Stille, Freundschaften und Prioritäten. Zeit, die umsonst ist, und meistens Zeit, die begrenzt ist. Man fährt an Gesichtern vorbei, die heiter telefonieren und an anderen, die mit ihren eigenen Problemen beschäftigt sind. Teilnahmslose, wütende, lebensbejahende, tief betrübte, liebende, gedankenverlorene, optimistische, naive oder suchende – tausende Gefühle in Millionen von Gesichtern, und wir bewältigen sie miteinander oder alleine. Leben und lassen. Emotionen begleiten und prägen uns. Fahren mit oder neben uns – oder rasen regelrecht an uns vorbei.

Mein Bus hat ständig dieselbe Route. Ich kenne sie in- und auswendig: ihre Wege, ihre Blumen und Bäume, ihre Haltepunkte, ihre Stopp- und Verbotsschilder und all die Menschen auf dieser immer gleich bleibenden Strecke. Meist fährt der Bus wie auf Autopilot, und es ist das monotone Geräusch des Motors, das ermüdend wirkt. Und manchmal ... möchte mein Bus von der Route abweichen, neue Wege befahren und sich dadurch einfach mal verändern. Neue Perspektiven, einen erweiterten Horizont und ein offenes Herz – das alles bekommen wir nur, wenn wir ab und zu mal vom Gewohnten abweichen. Einmal links fahren statt immer nur gerade aus, was macht das schon? Ankommen tun wir sowieso.

Das Leben ist ein Bus und wir alle fahren ihn. Es ist bei Weitem keine einfache Aufgabe, niemals die Kontrolle über ihn zu verlieren, nein. Wahrscheinlich ist es das Schwierigste überhaupt. Mit den allerdings besten Aussichten auf das, was auf unserer unendlichen Strecke noch vor uns liegt. Und mit quietschenden und rauchenden Reifen lassen wir das zurück, was wir hinter uns lassen wollen.

Punkt sein

Manchmal, da möchte ich wie ein Punkt sein.
Ich möchte der Punkt am Ende eines Satzes sein. Geschrieben, gesprochen, gesetzt. So sicher, abschließend. Fixiert. Dorthin gesetzt, wo der nächste Satz beginnt, ein neuer Absatz, wo etwas Neues geschwatzt wird. Einfach geschrieben, gesprochen, gesetzt. Der Abschluss, das gute Ende, der Neubeginn. Geschrieben. Gesprochen, gesetzt.

Ich möchte der Lichtpunkt sein. Einer, der in der Luft schwebt, seine Kreise zieht und sieht, was dort unten am Erdboden geschieht. Oder einer, der am Himmelszelt über dich wacht.

Ich möchte der Fixpunkt am Horizont sein. Jener, der angepeilt wird, angesteuert. Der die Richtung aufzeigt. Bei dessen Anblick man schweigt und bei dem man geneigt ist, inne zu halten.

Ich möchte der Dreh- und Angelpunkt sein. Der Kern, Stück für Stück das Herzstück für jemanden. Der absolute Mittelpunkt.

Ich möchte der Knackpunkt sein, das Aha-Erlebnis. Der Moment, in dem es Klick macht, der dir sacht gegen deinen Kopf klopft und dich wachrüttelt.

Ich möchte der Bonuspunkt sein. Das gewisse Extra, das Sahne-Kirsch-Topping, das kleine Plus, das „Ich darf", nicht das „Ich muss".

Ich möchte der Fluchtpunkt sein. Der Punkt, an dem du deine Perspektiven ausrichten kannst, der Ort, an dem alle Linien zusammenlaufen, die zusammenlaufen müssen. Der Ort, an dem sich Höhe, Tiefe und Breite küssen.

Ich möchte der Punkt am Ende eines Satzes sein. Geschrieben, gesprochen, gesetzt. So sicher, abschließend. Fixiert. Dorthin gesetzt, wo der nächste Satz beginnt, ein neuer Absatz, wo etwas Neues geschwatzt wird. Einfach geschrieben, gesprochen, gesetzt. Der Abschluss, das gute Ende, der Neubeginn. Geschrieben. Gesprochen, gesetzt.

Ich möchte der Kritikpunkt sein. Jemand, über den diskutiert wird, der analysiert wird, der besprochen, der gestochen scharf unter die Lupe genommen wird.

Ich möchte der Wendepunkt sein. Der Auslöser in deinem Leben, der dich zum Ändern veranlasst, ein gravierender Einschnitt, dein allergrößter Schritt. Der Punkt einer Kurve, an dem ein Richtungswechsel erfolgt.

Ich möchte der richtige Zeitpunkt sein. Nicht das: „Ja, aber nicht jetzt." Niemand, den das falsche Jahr, der falsche Monat, die falsche Stunde einfach mal nach hinten setzt.

Ich möchte der Anhaltspunkt, ein Eckpunkt sein. Ein Richtwert und eine Orientierungshilfe, jemand, auf dem man sich stützen kann. Ein Fingerzeig, ein Kompass – komm und steig auf meine starken Schultern.

Ich möchte der Aussichtspunkt sein. Der Ort zum Durchatmen und zum Gedanken-Ausschalten, zum sich klein und dadurch befreit Fühlen, weil etwas anderes, eine imposante Aussicht größer ist als man selbst.

Ich möchte der Gesichtspunkt sein. Eine persönliche Betrachtungsweise, die auf der schwierigen und komplexen Reise alles simpler macht, schlichtweg vereinfacht, was einem zu schaffen macht.

Ich möchte der Pluspunkt sein, kein Minuspunkt. Das Gute, der
positive Wert, der Punkt, der am Ende doch mehr Gewicht hat als
das Ungleichgewicht der zwei Pole.

Aber vielleicht möchte ich ja auch ...
der Stichpunkt nach dem Doppelpunkt sein, einer von vielen.
Oder der Strafpunkt und von Dämonen getrieben.
Vielleicht der Höhepunkt in deinem eintönigen Leben
und der G-Punkt – und dir alles geben, was du verdammt noch mal
brauchst.
Vielleicht möchte ich der Grenzpunkt sein – der Ort, wo alles endet,
der Streit- und Anklagepunkt. Der Mensch, bei dem Moral
verendet.
Vielleicht gar der Tiefpunkt, der Grund für dein Unwohlsein
oder der Schnittpunkt, an dem sich Hoffnung und
Hoffnungslosigkeit überschneiden.

Nein.
Ich möchte der Punkt am Ende eines Satzes sein. Geschrieben,
gesprochen, gesetzt. So sicher, abschließend. Fixiert. Dorthin
gesetzt, wo der nächste Satz beginnt, ein neuer Absatz, wo etwas
Neues geschwatzt wird. Einfach geschrieben, gesprochen, gesetzt.
Der Abschluss, das gute Ende, der Neubeginn. Geschrieben.
Gesprochen, gesetzt

PUNKT

Tief

In der Bar dröhnt die Musik in ihren Ohren.

Matilda hat die Nacht auserkoren,

um sich frei zu fühlen, sich gehen zu lassen,

allen Alltagstrott, den Alltagsschrott dort stehen zu lassen,

wo sie ihn am nächsten Tag wieder abholen kann.

Sie trinkt ein paar Gläser Wein

und kann sich selbst endlich wieder reinen Wein einschenken,

denn angetrunken ist man doch immer am Ehrlichsten.

Ihr Herz tanzt zum Beat, und wie immer schafft sie es, alle anzuspornen,

weil ihr Enthusiasmus Wellen schlägt

und ihr Lachen auf andere überschwappt.

Etwas übergeschnappt sein,

das brauchen wir in dieser verrückten Welt doch alle.

Es rauscht in ihren Ohren,

sie tanzt gedankenverloren,

betrunken,

ist in der Musik versunken.

Leben vom Feinsten, der Moment ist alles.

Der Moment ist genug.

Durch Kunst hält sie die Welt in Bildern fest und fester,

die Welt – ihr bester Freund und Feind.

Durch ihre Finger strömt das raus,

was sie bewegt,

was ihr Herz in Teile zerlegt,

und so fügt sie es immer wieder zusammen und lässt es noch mehr erblühen.

Ja, dann kann Matilda überschäumen vor Freude,

reißt Bäume aus, schafft es gar,

den Sorgen ihrer Freunde den Garaus zu machen.

Sie versteht wie kein anderer und weiß, was man braucht,

vom anderen.

Sie wandert durch das Schöne und das Schlechte,

verliert sich in beiden Ozeanen

und lässt sich treiben in ihnen.

Mit Matilda geht es tief.

Eine jede Berührung, ein jedes Wort.

Ein jeder Gedanke, ein jeder Wunsch, eine jede Sorge.

Eine jede Erwartung, eine jede Enttäuschung.

Ein jeder Schmerz, eine jede Freude.

Ein jeder Kuss, ein jeder Blick, ein jedes Schweigen.

Mit Matilda geht es tief. Und tiefer.

Der Raum, in dem Matilda sich bewegt, dreht sich.

Sie lauscht den Worten ihres Freundes,

saugt jedes einzelne in sich auf,

ist drauf und dran aufzustehen

und wegzugehen –

weil gehen nun mal so einfach ist,

für sie.

Sie packt es einfach nicht,

kriegt das mit den Beziehungen einfach nicht gebacken,

so meint sie,

weil vermeintlich alles, was sie anfasst,

zerbirst.

Das grelle Licht der Deckenlampe

bohrt sich durch ihre Pupille.

Sie rauft sich das Haar mit ihren Händen,

will sich abwenden

von seinen Pfeilen,

den Worten.

Will sich wegdrehen vom hellen Licht,

sich wegbeamen an fremde Orte,

von allem, was gegen ihre Schläfen pocht

und gegen die Mitte ihrer Stirn.

Sie widersteht der Versuchung

die verkrampften Fäuste auf die Küchenplatte zu schlagen,

um vom Licht, dem Druck

und den schmerzenden Worten ihres Gegenübers abzulenken

– und um aufzuhören, über all das nachzudenken.

Und er sagt: Weißt du … Du bist viel.

Im Guten wie im Schlechten.

Du bist oft zu viel.

Ein Zuviel an Gefühl, ja das ist Matilda.

Matilda liebt so tief,

sie weiß, dass kaum jemand so liebt

oder so viel gibt,

wie sie es tut.

Und sie ruht nie,

sie gibt alles.

Denn bei ihr geht die Liebe tiefer.

Und dann ist sie wie ein Messer,

weil alles, was sie fühlt, wie sie es fühlt und warum sie es fühlt,

tief geht.

So tief, dass es sie von innen fast auffrisst

und sie fast am Rad dreht

und weil es sie auffrisst, will sie, dass es rausgeht.

Raus aus ihrem tiefsten Ich,

ihrem Herzen, ihrer Seele,

ihren Gedanken, ihrem Körper,

ihrem Mund.

Und:

Es ist, als ob ihre Worte

wilde Purzelbäume über ihre Geschmacksknospen schlagen
und sich zwischen Ober- und Unterlippe zwängen,
um sich raus zu drängen
und diejenigen zu verletzen,
die ihr mit ihrer ehrlichen Liebe
am meisten zusetzen.

Matilda hat die feinsten Sensoren,
irgendwer in diesem Universum hat sie auserkoren,
für diese Gabe,
diesen Fluch.
Sie schmeckt ihnen, ihren Gefühlen,
die sie so sehr aufwühlen, sie schmeckt ihnen so sehr.

Mit ihrer rauen Zunge lecken die kleinen Biester an Matildas
Innenwänden, immer an der gleichen Stelle, bis sie abgewetzt ist
von der Reibung und es unangenehm wird. Bis sie sich innerlich
auflöst, an genau jener Stelle, und sich die Zunge ihrer Gefühle
durchbohrt und links und rechts und von allen Seiten beginnt sie
auszulutschen, um von ihrem Seelenfutter zu kosten. Egal, in
welche Richtung sie rennt, nach Norden oder Südosten, Matilda
fühlt, wie sie sich auflöst und alles tiefer geht, weil in ihr drin alles
porös wird und alles sickert weiter und tiefer und tiefer und hört
nicht auf nach unten zu tropfen. Und so steht sie mal jubelnd am
höchsten Gipfel dieser Erde und mal liegt sie am Boden, wie eine
Scherbe – zerbrochen.

Mit Matilda geht es tief.
Eine jede Berührung, ein jedes Wort.
Ein jeder Gedanke, ein jeder Wunsch, eine jede Sorge.
Eine jede Erwartung, eine jede Enttäuschung.
Ein jeder Schmerz, eine jede Freude.
Ein jeder Kuss, ein jeder Blick, ein jedes Schweigen.

Mit Matilda geht es tief. Und tiefer.

Als wäre sie ein Riesen-Karussell,
sehr langsam, manchmal auch schnell,
von dem aus man von ganz oben herunter blickt –
und dieser Blick nach unten ist nicht ohne.
Matilda dreht sich schließlich jeden Tag,
ob sie mag oder nicht.
Aber wenn sie nicht nach unten blickt,
sondern ihr Blick von ganz oben in die Ferne rückt,
dann erscheint ihr eine ganze Welt,
in der alles viel intensiver ist
und alles andere erhellt.

Dort sind die Farben bunter, wenn Glück in ihr wohnt und grauer,
wenn Traurigkeit sie durchzieht. Dort ist das Licht glänzender und
das Dunkel schwärzer. Die Musik tönender, der Beat eindringlicher,
ihre Tränen nasser. Ihr Lachen echter. Egal wie sich das Karussell
dreht, es ist viel Glück, viel Traurigkeit, viel Wut, viel Hoffnung,
viel Verzweiflung, viel Mut, viel von dem, was das Leben
ausmacht.

Es ist viel Matilda und es geht so wahnsinnig tief. Und nicht jeder
ist schwindelfrei.

Wunderkinder

Wir sind Abenteurer,
Losziehende, Nach-vorne-Geher, Ausreißer, Herausforderung-
Suchende, Ins-kalte-und-unbekannte-Nass-Springende, die niemals
auf der Stelle treten.

Wir sind Megafone,
Rausschreiende, so gar nicht ohne Stimme. Eine Stimmlagen-
Variation von hohen und tiefen Tönen – allesamt laut.

Und gleichzeitig:
Sind wir Rehe,
Sich-Zurückziehende, In-sich-Gehende, Alles-in-sich-
Hineinfressende, Schweigende. Die berühmten stillen, tiefen
Wasser.

Wir sind Ungeheuer,
bloß Ab-und-zu-Bereuende. Gern-Verbotenes-Tuer, An-der-Grenze-
Baumelnde, Am-Abgrund-Schwebende, Andere-Vorschubser,
Nicht-Fehlerlose, die ihre Fehler unter den Teppich kehren.

Wir sind Empathen,
Sich-für-andere-Aufopfernde, Hinten-Ansteller, Vortritt-Lassende,
ständige Zuhörer und Verständnisvolle.

Wir sind Liebende,
Sich-gegenseitig-Berührende, Verführer, Verführte, Haut-an-Haut-
Süchtige, lippenöffnende Liebesakt-Tüchtige, die nur am Du zum
Ich werden.

Und gleichzeitig:

sind wir Solo-Gänger,

Andere-von-uns-Wegschieber, Auf-Distanz-Haltende, Arme-
Verschränkende, „Fass mich bloß nicht an"-Sagende, die nichts
vom anderen wissen möchten.

Wir sind Enthusiasten,

überschwängliche Fantasten, überglückliche Lebensbejaher, die
Begeisterungsfähigen, oft unsinnige Realitäten lebend.

Wir sind Zweifler,

ständige Rumgrübler, „Was ist aber, wenn"-Frager, die Unsicheren,
die sich immerzu mit anderen vergleichen.

Wir sind der Negativ-Pol,

die Schwarz-Seher, die Den-Teufel-an-die-Wand-Maler, die Glas-
halb-leer-Trinker, die Das-kann-ja-nur-mir-passieren-Sager,
ständige Zu-Tode-Frager, die alles immerzu zerreden.

Und gleichzeitig:

sind wir die Hoffnung,

die Immer-Lachenden, Nach-vorne-Blickenden, Niemals-Aufgeber,
Weitermacher, Alles-Negative-Zerlacher, denn „es wird schon alles
gut werden, irgendwie".

Wir sind Traumtänzer,

Schunkelnde Träumen-Hinterherjagende, Ideenpflanzer, die
Rosarote-Brille-Träger, ein klein wenig Naive, Spinner, die mit
„Träume nicht dein Leben, sondern lebe deinen Traum"-Zitaten um
sich werfen.

Wir sind Realisten,
Mathematiker, Logiker, Analytiker, Tatsachen-Akzeptierende,
Rationalisten, Kopfmenschen, die nach vernünftigen Lösungen
Ausschau halten.

Wir sind Suchende,
Sherlock Holmes-Lupen-Benutzer, Ständig-in-Erwartung-Stehende,
Nicht-im-Moment-Lebende, ewige Forscher, Goldschürfer.
Sinnsucher, die einen jeden Stein nach dem Sinn umdrehen.

Und gleichzeitig:
sind wir Ankommende,
Tür-Aufsperrende und Heimkehrer, Sich-Annähernde, Durch-die-
Ziellinie-Laufende, die sich dort zuhause fühlen, wo ihr Herz
wohnt.

Wir sind WUNDERKINDER. Weil wir so vieles in einer Person
sind. Weil wir Ankommende sind und Suchende, Realisten und
Traumtänzer. Wir sind die Hoffnung und der Negativ-Pol, Zweifler
und Enthusiasten, Sologänger und Liebende, Empathen und
Ungeheuer, Rehe, Megafone und Abenteurer. Wir sind
WUNDERKINDER. Weil wir ein Leben leben, in dem wir alles
sind und nichts zugleich. Wir sind mehr das eine oder das andere,
aber nichts losgelöst vom anderen – denn wenn wir durch das
Leben wandern, begegnen wir nicht nur anderen Menschen,
sondern vor allem immer wieder uns selbst. Das Selbst in all seinen
Facetten, eingehüllt in verschiedenfarbigen Silhouetten. Emotionen
huschen lautlos über unser Gesicht und wir sehen uns mehrmals im
Spiegel an und schauen oft jemand anderen an, und doch sind wir es
immer selbst.

Schau, dein Spiegelbild, es zeigt dir ein WUNDERKIND. Eines, das Großes leistet, in dem es einfach nur weitergeht im Leben, ab und an mal steht und bleibt, ein jedes Beben meistert, und manchmal auch mal einen Schritt zurückgeht – aber nur um Anschwung zu nehmen. Denn du bist ein Wunderkind – und Wunderkinder fliegen.

Brief an die Veränderung

Meine Freundin, meine Feindin,
du Botin des Zweifels und der Unsicherheit,
du hoffnungsgebender Funken.

Ob dies ein Liebesbrief an dich ist oder eine Abrechnung, das kann
ich gar nicht so genau sagen. Wie auch, ich weiß ja nicht einmal, ob
ich dich mag oder nicht.

Das Leben ist eine Waage, die ihre Gewichte mal auf der einen
Schale, mal auf der anderen trägt. Ab und zu, wenn alles gut läuft,
dann hält sie die Balance, weil alles genau richtig ist. Und dann
kommst du ins Spiel, Veränderung. Wirfst plötzlich ein Gewicht
dazu oder nimmst eines weg. Bringst die Waage ins Wanken.

Manchmal, da erscheinst du gar als Welle und nimmst ihr völlig den
Halt. Spülst sie fort und alles muss von vorne beginnen.

Meistens kommst du unvorhersehbar und oft bist du mir nicht
willkommen. Weil du alles in mir zerreißt und mich aus meiner gut
funktionierenden Bahn wirfst. Dann scheuchst du mich ins Bett und
lässt mich die Decke über den Kopf ziehen. Dann möchte ich nichts
hören und nichts sehen und ich warte, bis du wieder fort bist. Aber
… du gehst nicht weg. So ist das nun mal mit dir. Wenn du da bist,
bist du da, einen Rückwärtsgang besitzt du nicht. Und mir bleibt
nichts anderes übrig, als dir mitten ins Gesicht zu blicken. Du bist
meine immer wiederkehrende Gegnerin. Aber geschlagen hast du
mich noch nie.

Nicht immer spielst du auf der anderen Seite des Spielfeldes, nein,
gelegentlich sind wir auch in einem Team, du und ich. Manchmal
bin ich deine Schülerin. Deine Lektionen? Hart. Überraschend.
Lehrreich. Schön. Und stärkend. Du faszinierst mich. Weil du nicht
nur gut und nicht nur schlecht bist. Du bist beides, gar oft zur

gleichen Zeit. Und in welcher Form du kommst – das fasziniert mich erst recht! Kommst du als Mensch, als Ereignis, als Entscheidung? Tauchst du in der Welt auf, die mich umgibt oder aber tief in mir drin? Es ist immer anders, DU bist immer anders. Du bist beeindruckend. Erschreckend beeindruckend.

Ab und zu, ja, da sehn ich dich sogar herbei. Ich gebe zu, dass ich dich auch brauche. Weil mich die Herausforderung reizt, die du wie eine kleine rote Gießkanne in der Hand hältst und die meine Wurzeln tränkt. Dann wachse ich an dir. Und du verzauberst mich, weil dich ungeatmete, funkelnde Luft umgibt. Ich sauge sie ein, ganz tief, und es kribbelt in mir, vor Stärke.

Nun, ich denke, dieser Brief ist gewissermaßen eine Versöhnung. Ich weiß, du bist unvermeidbar und du gehörst dazu. Jeden Tag. Du bringst den Morgen und die Nacht, wirfst die Blätter von den Bäumen und treibst Knospen. Du malst mir Falten ins Gesicht und sorgst dafür, dass ich die vielen kleinen Geschichten meines Lebens erzählen kann. Nicht immer verstehe ich den Grund für dein wankelmütiges Dasein, aber ich weiß, dass du am Ende immer deinen Sinn hast. Irgendwie hast du den tatsächlich.

Das menschliche Paradoxon

Wir warten unser Leben lang.
Auf den Bus. Auf den Zug.
Auf andere Leute.
Darauf, dass das Glück uns in den Schoß fällt.
Wir warten an der Supermarktkasse oder in der Warteschleife am
Telefon.
Darauf, dass die Ampel wieder grün wird.
Und auf den Frühling, damit auch endlich der Sommer kommt.
Darauf, dass die große Liebe einfach so an uns vorbeispaziert
und dass das große Wunder geschieht, welches uns wachrüttelt.

Wir warten.
Und warten.
Und warten.

Wir warten unser Leben lang.
Wir warten darauf, dass wir in der Arztpraxis aufgerufen werden.
Darauf, dass der Pfarrer in der Kirche das „Gehet hin in Frieden"
spricht.
Wir warten, bis wir endlich an die Reihe kommen,
und darauf, dass etwas ganz schnell vorbei ist.
Wir warten auf einen langersehnten Anruf
oder den viel zu spät kommenden Besucher.
Darauf, dass wir endlich erwachsen werden,
Und dann auf die Momente, in denen wir endlich wieder Kind sein
dürfen.
Wir warten auf den Winter, damit auch endlich der Frühling kommt.
Darauf, dass alles irgendwann besser wird
und dass endlich Gras darüber gewachsen ist.

Wir warten.
Und warten.
Und warten.

Wir warten unser Leben lang.
Darauf, dass das Essen im Restaurant endlich kommt.
Auf unseren Feierabend und auf das Wochenende sowieso.
Das ganze Jahr warten wir auf Weihnachten
und darauf, dass die Feiertage dann ganz schnell wieder vorbei sind.
Wir warten auf unsere Freunde, unsere Familie, unsere Kollegen,
auf die Sonne, den Mond und einen Wink des Universums.
Wir warten auf den Moment, in dem wir endlich mal wir selbst sein
können,
und darauf, dass wir endlich keine Außenseiter mehr sind.
Wir warten auf eine Antwort
und auf das Gefühl, verstanden zu werden.

Wir warten.
Und warten.
Und warten.

Wir warten im Stau auf der Autobahn
und auf den idealen Lichteinfall beim Fotografieren.
Auf die nächste Folge unserer Lieblingssendung
und die Enthüllung eines gut gehüteten Geheimnisses.
Wir warten auf die passende Gelegenheit
und auf den Erfolg.
Darauf, dass alles von ganz alleine läuft
und dass sich in einer Beziehung alles wieder einpendelt.
Darauf, dass der Stress abflaut
und dass man sich endlich wieder über etwas freuen kann.

Wir warten.
Und warten.
Und warten.

Wir warten auf Eingebungen
und darauf, dass uns die Muse küsst.
Wir warten an der Kinokasse
und darauf, dass der Film beginnt.
Wir warten auf die richtigen Worte
und den passenden Augenblick.
Darauf, dass uns der andere ein Zeichen gibt, damit wir auch
endlich loslegen können.
Mit dem Lieben, dem Träume-Verwirklichen, der Zukunft.
Wir warten, dass wir endlich losfahren können,
und dann darauf, dass wir unser Ziel irgendwann erreichen.

Wir warten.
Und warten.
Und warten.

Wir warten ab und trinken Tee.
Oft wissen wir nicht wirklich, worauf wir warten, aber wir *er*warten
etwas, hoffen auf etwas. Dass es vorangeht, etwas Gutes geschieht.
Dass uns das Leben ein klein wenig mehr umarmt.

Wir warten darauf, dass etwas passiert – und nichts passiert, weil
wir zu lange gewartet haben.

Und du?
Worauf wartest du noch?

KURZGESCHICHTEN

Die Suche der Zeit

In jener berühmten Stadt, in der die Häuser bis in die Wolken ragten und der Tag niemals endete, wollte sich die Zeit ein Zuhause suchen. Weil sie auf der ganzen Welt ununterbrochen unterwegs war, war die Zeit müde geworden. Sie wünschte sich nicht sehnlicher, als einfach mal irgendwo anzukommen. „Hier", so dachte sie, „in einer Stadt, die für so viele Millionen Menschen Platz hat, findet sich bestimmt auch ein hübsches Plätzchen für mich." Darum machte sich die Zeit auf die Suche nach Menschen, die ihr einen Ort oder das Gefühl der Heimat schenken konnten. In einem Café an der Straße saßen ein junger Mann und eine Frau. Die Zeit gesellte sich heiter zu ihnen. Aber die Frau war nicht erfreut, sie zu sehen und schluchzte: „Nein, es geht nicht. Im Augenblick ist es mir zu viel." „Aber ich bin hier, und ich bin bei dir. Willst du es denn nicht zumindest versuchen?", fragte sie der Mann und nahm ihre Hand, die die Frau abrupt wegzog. Das Herz der Frau war gebrochen, das spürte die Zeit. Und sie merkte, dass sie auf dem falschen Stuhl Platz genommen hatte. Die junge Frau blickte der Zeit ernst ins Gesicht und sagte: „Siehst du denn nicht, dass es nicht der richtige Zeitpunkt ist? Vielleicht wenn du vor ein paar Monaten zurückgekommen wärst … Aber jetzt? Du bist hier falsch. Verschwinde!"

Unglücklich und etwas beschämt darüber, der falsche Moment für diese Liebenden gewesen zu sein, verließ die Zeit das Café und setzte ihre Suche fort.

Einige Straßen weiter wartete ein älterer Mann an einer Bushaltestelle und las in einer Zeitung. Frohen Mutes gesellte sich die Zeit dazu und versuchte den Mann mit ihrer Anwesenheit zu erfreuen. Aber der Mann war versunken in den Schlagzeilen des Tages und machte ein verdrießliches Gesicht. „In was für einer Zeit leben wir nur? Früher war alles besser." Er senkte die Zeitung und wandte sich der Zeit zu. „Weißt du, nicht alles, was du mitbringst, ist gut, ganz im Gegenteil – es wird alles schlimmer und schlimmer. Am besten wäre es gewesen, du wärst damals einfach stehen geblieben. Da war die Welt noch in Ordnung." Der Mann warf die Zeitung in den Müll und stieg in die Linie 28, die gerade angefahren kam.

Mit einem schlechten Gewissen blieb die Zeit an der Haltestelle zurück. Sie musste erst ein paar tiefe Atemzüge machen, bevor sie weitergehen konnte. An der nächsten Ecke fand sie eine Arztpraxis vor, in die die Zeit hineinschauen wollte. In einem freundlich eingerichteten Zimmer wartete eine Familie. Vater und Mutter starrten betrübt auf ihre Handys, während die Kinder am Boden mit kleinen Autos spielten. Das Mädchen trug ein Tuch um ihre Glatze gebunden und war sehr blass. Die Zeit setzte sich hin und sah den beiden Kindern beim Spielen zu. Auch sie nahm sich ein Auto und fuhr damit über den hellgrünen Teppich mit den aufgemalten Straßen, Wiesen und Schildern. „Nein, nein, nein", protestierte die Mutter, als sie es bemerkte. „Lass meiner Tochter doch ein bisschen Vorsprung. Du rast an ihr vorbei. Das ist einfach nicht fair! Sei bitte langsamer, wir haben dich schon genug verschwendet. Das macht uns traurig, verstehst du das?" Die Zeit verstand, erhob sich leise und verließ das Krankenzimmer in der Hoffnung, das kleine Mädchen noch nicht überholt zu haben.

Sie brauchte einige Minuten, um sich von dieser Begegnung zu erholen und zweifelte daran, ob sie denn überhaupt irgendwo erwünscht war in dieser Stadt. Auf dieser Welt. Bis jetzt hatte sie niemand mit offenen Armen empfangen – und wenn sie ehrlich war, konnte sie das sogar nachvollziehen. Mit ihr Freundschaft zu schließen war nicht einfach – die Zeit war eben, was sie war. Sie schlenderte eine Weile hin und her, beobachtete hier und dort die Menschen, an denen sie vorüberzog und merkte, dass die meisten ihr aus dem Weg gingen und sich vor ihr fürchteten. Davor, dass die schönen Tage zu schnell vergingen oder quälende Minuten zu langsam, dass sie der falsche Augenblick war, man sie verschwendet hatte oder dass sie jemandem gestohlen wurde. Die Zeit hatte einen dermaßen schlechten Ruf, dass es sie natürlich verstimmte. Betrübt beschloss sie, eine Fähre zu nehmen und hinaus aufs Wasser zu fahren, weg von all dem Trubel, den beklemmenden Gedanken und all den Zweiflern. Als sie an Deck dabei zusehen konnte, wie die Hochhäuser der Stadt zu kleinen Spielsteinen schrumpften, je weiter sich das dampfende Boot entfernte, gesellte sich eine schon ziemlich betagte, elegante Dame zu ihr an die Reling. Gedankenverloren schaute die Frau hinunter auf die Wellen, die sich an der Fähre brachen, sog die feuchte, kühle Luft ein und verzog ihr Gesicht zu einem breiten Lippenstiftgrinsen. „Ist das nicht schön? Mag sein, dass ich nicht mehr viel von dir übrig habe, aber das, was mir noch bleibt ist dermaßen kostbar. Du hast keine Ahnung, wie sehr ich dich genieße. Ich bin wirklich dankbar, dass ich dich habe." Ungläubig starrte die Zeit die Frau an und glaubte, sich verhört zu haben. „Ist das wirklich wahr?", wollte sie wissen. „Sie fürchten mich nicht?" Die Dame lachte herzlich und legte ihre große Sonnenbrille ab. Sanft strich sie der Zeit über ihr Antlitz und sagte mit sanfter Stimme: „Aber, aber! Durch dich wird alles einfacher. Du gibst den Menschen in einer Welt voller Chaos Orientierung. Sie können sich mit der Tatsache trösten, dass mit dir alles besser wird, sobald genug von dir vergangen ist. Die Vergänglichkeit und deine Begrenztheit für unsere Augenblicke machen dich außerdem wahnsinnig kostbar. Nichts, was ewig währt, wird geschätzt, weißt du? Viele fürchten sich davor, zu wenig von dir zu haben, was aber nicht heißen muss, dass das schlecht ist – dafür nutzen sie dich umso besser." Die Zeit konnte der Frau ansehen, dass sie durch sie so Einiges erlebt hatte. Eine jede Falte in ihrem Gesicht schien eine Geschichte zu erzählen und der verträumte, aber kluge Blick ließ erahnen, was sie über die Jahre alles gesehen, geträumt und gelernt hatte. „Dein Los ist nunmal nicht das Einfachste", sprach die Dame weiter, „du bist, was du bist. So wie … Leben und Tod. Sonnenaufgang und Sonnenuntergang. Du bist notwendig, unausweichlich, richtungsweisend. In all deinen Facetten bist du weder gut noch schlecht. So was verstehen die Menschen nicht und alles, was sie nicht wirklich definieren können, macht ihnen Angst. Aber weißt du was, Zeit? Menschen sind eben nur Menschen. Wir müssen alle akzeptieren, was der andere ist, denn nur so dreht sich diese verrückte Erde weiter, ohne dass sie dabei aus ihrer Umlaufbahn gerät."

Die Zeit und die alte Dame standen nebeneinander an der Reling und blickten auf die Stadt, die mittlerweile aussah, wie ein Gemälde mit flackernden Lichtern. Der Abstand half der Zeit, die Dinge besser zu verstehen. Und sie sah ein, dass sie nie das eine Zuhause finden würde, das sie sich wünschte, denn sie wurde immer und überall gebraucht. Ihre Heimat, so wurde ihr nun bewusst, war die große Welt. Und das war vermutlich gut so.

Neun Dinge

Fünfundzwanzig Meter waren es bestimmt. Oder noch mehr. Vielleicht waren es auch bloß zehn, aber was spielte das überhaupt für eine Rolle? Im Schätzen war sie nicht besonders gut. Emilia wusste lediglich, dass der Abgrund, der sich vor ihr auftat, bedrohlich und tief genug war, um sich sämtliche Knochen zu brechen. Um draufzugehen. Schon dass sie hier oben stand, auf dieser schmalen Sicherheitsabsperrung für Fußgänger, war schlichtweg alptraumhaft.

Als die junge Frau ihren Blick nach unten richtete, wurde ihr übel. Unter ihr nichts weiter als Felsen. Kantige Gesteinsbrocken von beachtlicher Größe, die ihren zierlichen Körper im Bruchteil einer Sekunde zerschmettern würden. Warum also, warum in aller Welt stand Emilia nur wie eine Irre hier oben auf dieser Absperrung, von der sie jeden Moment abrutschen konnte? Wie war sie nur hierhergekommen? Sie konnte sich nicht erinnern. Es mochte verrückt klingen, aber sie wusste es wirklich nicht. Ganz plötzlich hatte sie sich auf dieser immens hohen Brücke wiedergefunden, an diesem Abgrund stehend, und sie hatte nicht den Hauch einer Ahnung, was sie hier machte.

Ein starker Seitenwind blies Emilia die langen dunkelbraunen Haare ins Gesicht, sodass sie für einen Moment nichts sehen konnte. Sie fürchtete, der Wind würde sie von der Brücke wehen und klammerte sich an dem Stützpfeiler direkt neben ihr fest. Ihr Herz raste wie noch nie zuvor in ihrem Leben. Das war Panik, vermutete sie. Todesangst. So fühlte sich die also an. Was für ein schreckliches, schreckliches Gefühl! Und dann schäumte die Frage in ihr auf: „Wollte ich mich ... umbringen?"

Endlich traute sich Emilia, von der Absperrung vorsichtig hinunterzuklettern. Als sie ihre schlotternden Füße auf der Brücke absetzte, atmete sie auf und nach einigen Minuten konnte sie spüren, wie ihr Körper allmählich wieder auf Normalzustand zurückfuhr. Ihre Hände zitterten noch ein wenig, aber der Puls beruhigte sich langsam und ihre Atmung wurde auch wieder regelmäßig. Diese furchtbare Idee, da hinaufzuklettern ... stammte die tatsächlich von ihr selbst? Wenn ja, weshalb? Emilia versuchte, ihre Gedanken zu sammeln und ihre Erinnerung auf Touren zu bringen. Ihren Namen, den wusste sie. Ansonsten war alles weg. Gelöscht. Sie hieß Emilia, stand auf einer Brücke und wollte sich offensichtlich das Leben nehmen. That's it. Verdammt. Wer war sie nur? Und was musste in ihrem Leben geschehen sein, dass sie es beenden wollte? War sie krank? Psychisch labil? Oder war etwas derart Schreckliches passiert, dass die Entscheidung, nicht mehr leben zu wollen, eine Kurzschlussreaktion gewesen war?

Egal, was es war. Emilia musste erst mal weg von hier. Weg von der Brücke, von der sie beinahe gesprungen wäre. Also folgte die junge Frau schnellen Schrittes dem Straßenverlauf und setzte sich am Ende der Brücke – oder war es ihr Anfang? – auf eine Bank.

„Warum steht hier bloß eine Bank?", fragte sie sich. Hier am Ende – oder am Anfang – einer Brücke? Damit sich die potentiellen Brückenspringer noch einmal hinhocken und ihre Entscheidung überdenken konnten? Hier gab es ansonsten nichts, was zum angenehmen Verweilen einlud. Keine schöne Aussicht, keine grüne Wiese, keine Kirche. Einfach nur eine Bank am Rande einer Brücke neben einem kleinen Wald und einer kaum befahrenen Straße inmitten eines Tales. Emilia jedenfalls saß nun hier und versuchte sich daran zu erinnern, wer sie war. Die Frage, die sie aber noch viel mehr beschäftigte, war die: „*Warum* wollte ich mich umbringen?" Schließlich begann sie, sich selbst etwas genauer unter die Lupe zu nehmen. Ihr braunes, zerzaustes Haar, ihre gepflegten Hände mit dem abgerissenen Zeigefingernagel, ihre Kleidung, alles was sie eben sehen konnte. Sie trug Stan Smiths, blaue Jeans und einen grauen Kapuzenpulli mit einer quietschbunten Aufschrift. Was stand denn da? „Lächle, du kannst sie nicht alle töten!" Sah ja nicht unbedingt nach einem Kleidungsstück aus, das man morgens aus dem Schrank holt, wenn man vorhat, von einer Brücke zu hüpfen. Emilia stellte sich den Moment vor, in dem ihr Leichnam – sofern die Wucht des Aufpralls ihn nicht in Stücke gerissen hätte – aufgefunden worden wäre. In einem Pullover mit dem Print „Lächle, du kannst sie nicht alle töten!" Wie die Faust aufs Auge passte das ja nicht gerade. Und was hätten die Leute gesagt, die sie geborgen hätten? „Immerhin eine Person hat sie umgebracht!" oder „Da hat sie sich wohl selbst zu wenig angelächelt!"

Unpassenderweise musste die junge Frau über dieses makabre Szenario schmunzeln, verwarf den Gedanken und die heitere Emotion aber wieder und widmete sich ernsteren Fragen. Ihre Situation war alles andere als lustig.

Emilia fühlte sich wie ein Kind, das gerade eben auf die Welt gekommen war. Ein paar Minuten saß sie einfach nur da. Schaute ein wenig von links nach rechts. Atmete und spürte ihren Körper. Ihren Geist. Es war alles genau da, wo es hingehörte. Zumindest für den Moment. Was war wohl ihr Problem gewesen?

Etwas weiter weg hörte sie ein Geräusch. Es schien jemand in der Nähe zu sein, was bedeutete, dass sie nicht alleine hier war. Ihr Wissen war auf das absolute Minimum beschränkt, vielleicht konnte ihr ja dieser jemand behilflich sein bei ihrer Suche nach Antworten. Emilia folgte dem Geräusch und schon nach einigen Metern sah sie einen Mann, bekleidet mit einem dicken Fleecehemd, festen Arbeitsschuhen, Schutzhandschuhen und Ohrenschützern. Er war gerade dabei den Stamm einer alten, bemoosten Fichte zu fällen.

„Hallo", rief Emilia zaghaft und als sie der Mann nicht hörte, da rief sie etwas lauter: „Hallo, entschuldigen Sie bitte! Können Sie mir vielleicht helfen?" Der Holzfäller drehte sich überrascht um und fuhr sich mit dem Handrücken über seine verschwitzte Stirn. Mit brummender Stimme schnaufte er: „Ob ich helfen kann, weiß ich nicht, aber du kannst mir dabei helfen, diesen widerspenstigen, morschen Baum zu zerhacken. Da hinten bei meinem Rucksack liegt eine zweite Axt, schnapp sie dir und hau' ordentlich in die Kuhle, wenn ich es dir sage!" Emilia blickte etwas perplex zwischen dem Baum, dem Holzfäller und dem Beil hin und her, aber schließlich ergriff sie es und stellte sich neben den Mann. Woher sollte sie denn wissen, wie man einen Baum fällt? Hatte sie das überhaupt schon einmal getan? Sie wusste es nicht. Woher auch? Aber wo sie schon mal hier war, konnte sie dem Mann genauso gut helfen, diese Fichte zu fällen. Abwechselnd schlugen sie also in die schon vorhandene Kuhle des Stammes und mit jedem Schlag kamen Emilia und der Holzfäller dem Ziel etwas näher. „Zur Seite", brüllte der Holzfäller auf einmal. „Baum fällt!" Knarzend und krachend knallte die Fichte auf den Boden. Der Holzfäller holte ein Sandwich aus seinem Rucksack und gab die Hälfte seiner neuen Kumpanin. Schweigend saßen die beiden nebeneinander und Emilia grübelte darüber nach, was gerade passiert war. Sie hatte einen Fremden getroffen, der sie um Hilfe bat. Und sie half. Ohne Fragen zu stellen, ohne zu wissen, ob sie dazu überhaupt in der Lage wäre. Und obwohl sie eigentlich selbst dringend Hilfe gebraucht hatte, konnte sie aus dieser ... nun, recht ungewöhnlichen Erfahrung drei Dinge lernen: Dass man erstens um Hilfe bitten darf, dass man zweitens gemeinsam ein Ziel erreicht, an das man alleine nicht herankommt, und dass man drittens selbst daran wächst, wenn man anderen zur Seite steht.

Im Grunde wusste Emilia immer noch nichts über sich, aber durch diese neue Erkenntnis fühlte sie sich besser und dachte: „Im Grunde ist man nie allein. Helfende Hände scheint es überall zu geben, selbst an den einsamsten Orten." Und sie verstand noch weniger als zuvor, warum sie von einer Brücke hatte springen wollen. „Hoffe, dass ich dir helfen konnte", brummte der Holzfäller. „Das haben Sie sehr", erwiderte Emilia dankbar, schluckte den letzten Bissen ihres Truthahnsandwiches hinunter, grüßte und machte sich auf den Weg. Zufrieden schlenderte sie weiter und stellte sich, aufgrund der

Erfahrung, die sie gerade gemacht hatte, die Frage, ob sie in ihrem früheren Leben, das heißt dem Leben vor der Brücke, einsam gewesen war. Das konnte sie sich nicht vorstellen. Immerhin war sie in dieser kurzen Zeit nur einem Menschen begegnet, mit dem sie aber schon eine sehr bedeutsame Erfahrung teilen konnte: Sie hatten einen Baum gefällt. Wenn schon eine einzige Tat, eine einzige Begegnung mit einem Fremden so viel Positives in ihr auslöste und ihr das Gefühl gab, gebraucht zu werden und ihr die Gewissheit schenkte, dass Menschen füreinander da sind, wie war es wohl vorher gewesen? Wie viele Begegnungen und Erlebnisse musste sie also bisher in ihrem Leben gesammelt haben! „So schlecht kann meine Welt gar nicht gewesen sein." Emilia begann sich über ihr früheres Ich zu ärgern, das sie sich in ihrem Kopf zusammenspann, ein Ich, das offensichtlich kein Gefühl für die guten Absichten der Menschen zu haben schien.

Die Sonnenstrahlen in ihrem Gesicht vertrieben den kurz aufschäumenden Groll, der möglicherweise nicht gerechtfertigt war. Denn Emilias Situation war auch jetzt, als sie am Waldesrand die Straße entlang lief, immer noch dieselbe wie vorhin auf der Brücke: Sie war ein weißes Blatt Papier, auf dem sämtliche Notizen ausradiert worden waren. Ein ziemlich zerknittertes noch dazu. Apropos Blatt Papier: Ihre Adidas Sneakers waren auf einen Zettel getreten. Er war zusammengefaltet und etwas schmutzig, aber ansonsten noch gut erhalten. Sie hob ihn sachte auf, pustete ihn von Erde und Staub sauber und faltete ihn auseinander. Das linierte Blatt war beschriftet mit Wörtern und kurzen Sätzen, die offensichtlich ein Kind hingeschrieben hatte. Emilia las:

„Mein Lieblingstier ist der Vogel. Er kann hoch fliegen und ist frei und das finde ich schön. Am liebsten würde ich auch fliegen können, also so richtig, mit Flügeln. Das geht leider nicht, weil mir keine gewachsen sind. Ich habe nur Arme und Beine. Aber mit denen kann

man auch tolle Sachen machen. Hoch in die Luft springen zum
Beispiel und Vögel malen. Das macht auch Spaß."

Und darunter war ein Rotkehlchen mit einem Hut gemalt. Emilia
musste lachen, dachte über die Worte nach, die das Kind
aufgeschrieben hatte und fand, dass sie von diesen Worten, die sie
zufällig am Straßenrand gefunden hatte, eine Menge lernen konnte.
Wiederum drei Dinge, um genau zu sein: Es ist gut, Träume zu
haben. Träume treiben uns an, motivieren uns und halten uns
lebendig. Gleichzeitig ist es gut, realistisch zu sein. Das, was ist, ist.
Manche Dinge kann man nicht ändern. Das man Arme und Beine
hat, zum Beispiel, und keine Flügel. Und drittens, und das ist wohl
die größte Lehre dieses Zettels: Man findet Wege, um dem eigenen
Traum oder dem eigenen Weg näher zu kommen, und andere Dinge
in unserem Leben, die wundervoll sind. Auch wenn es sich mit
ihnen nicht fliegen lässt – Spaß machen sie trotzdem.

Ob dieses Kind wusste, welch kluge Worte es da hingekritzelt hatte?
Emilia jedenfalls fand, dass sie durch diese Worte reicher wurde
und war dankbar, dass sie dieses wertvolle Blatt Papier gefunden
hatte. SIe faltete es wieder sorgfältig zusammen, steckte es in ihre
Gesäßtasche und spazierte weiter. Irgendwann würde sie schon
ankommen. Zuhause oder sonst irgendwo.
Nach einer Weile kam ein Auto angefahren. Emilia entdeckte es, als
es um die Kurve bog. Es fuhr in ihre Richtung und kam ihr
unheimlich bekannt vor. Der silberne Wagen verlangsamte sein
Tempo und hielt neben Emilia an.

„Hallo, guten Tag, wen trifft man denn da! Emilia! Was machen Sie
denn hier draußen?", lächelte eine sympathische, ältere Dame mit
kurzen, weißblonden Haaren aus dem Auto heraus, ohne Emilias
Antwort abzuwarten. „Sind Sie alleine hier? Sie können mit mir
nach Hause fahren, wenn Sie wollen. Glück gehabt, was? Dass Sie
hier genau auf ihre alte Nachbarin treffen!" „Sieht so aus",

erwiderte Emilia unsicher und erkannte ihre Nachbarin Mrs. Leigh wieder. „Steigen Sie ein, die anderen sind bestimmt schon zuhause und warten auf Sie!" Emilia hatte nicht die geringste Ahnung, wen Mrs. Leigh mit „die anderen" meinte und wo ihr Zuhause war, oder was ihre Nachbarin ausgerechnet in dieser Gegend verloren hatte, aber sie war schon heilfroh, dass sie sie wiedererkannt hatte und in ihr Auto einsteigen konnte. Die alte Dame redete gerne und viel, und Emilia genoss es, einer bekannten Stimme zu lauschen. Diese Stimme meinte es gut mit ihr. „Wissen Sie Emilia, ich kann Sie verstehen und es ist ok, wenn Sie nicht darüber sprechen möchten. Über ihre Entscheidung, meine ich. Niemand zwingt Sie dazu, sich zu rechtfertigen, auch nicht Ihre Familie. Aber Sie sollen wissen, dass wir alle da sind. Egal auf welche Art und Weise. Es ist alles in Ordnung, wenn es für Sie so passt ist", zwinkerte Mrs. Leigh ihrer Nachbarin zu. Sprach Mrs. Leigh von ihrem Vorhaben auf der Brücke? Wusste Sie etwa davon? Oder von welcher Entscheidung sprach ihre Nachbarin da genau? Egal, sie hatte das genau Richtige im genau richtigen Moment gesagt. Und Emilia hatte erneut etwas gelernt. Wiederum drei Dinge. Erstens: Die Menschen, die dich umgeben und das Gefühl, das sie dir schenken, sind das Kostbarste auf der Welt. Zweitens: Du weißt, wie kostbar die Menschen sind, wenn sie dich so sein lassen, wie du bist. Und drittens: Manches verflüchtigt sich von ganz alleine, was heißt: Man muss nicht über alles reden, ganz im Gegenteil. Vielleicht wird oft zu viel gesagt und zu wenig gehandelt.

Emilia fühlte sich mit einem mal leichter und heiterer. Gut, sie wusste noch immer nichts über sich als Person, trotzdem glaubte sie nach der Begegnung mit ihrer Nachbarin, dem Holzfäller und nach dem Fund des Zettels, viel über sich gelernt zu haben. Auf seltsame Art und Weise fand die junge Frau sich mit ihrer seltsamen Lage ab, denn sie hatte gerade eben ja auch auf seltsamste Art und Weise gezeigt bekommen, dass man manche Dinge so nehmen muss, wie sie sind. Sie war wie das Kind, das sich Flügel wünschte. Sie würde sich wahrscheinlich nie daran erinnern, warum sie das vorgehabt hatte, was sie eben vorgehabt hatte. Aber Emilia hatte viel wichtigere Antworten gefunden. Nämlich solche, die ihr dabei halfen, ihr neues Leben, jenes nach diesem skurrilen Moment auf der Brücke, in Angriff zu nehmen.

Plötzlich Autorin

Eines Tages bekam eine Frau eine Schreibmaschine geschenkt. Die Frau wusste nicht, was sie damit anfangen sollte, denn: Sie schrieb eigentlich nicht. Nun, sie schrieb schon. Postkarten, Einkaufslisten, Notizen und dergleichen. Allerdings reichten dafür Kugelschreiber und Reste von Papier. Außerdem hatte die Frau immer so viel um die Ohren, dass sie gar keine Zeit hatte, sich an ein solches Ding zu setzen.

Da stand sie nun jedenfalls, mitten im Wohnzimmer, auf einem hölzernen, dicken Sockel: Eine antike, mechanische Schreibmaschine, schwarz mit sandfarbenen Tasten und dicken Großbuchstaben darauf. Sie sah ganz hübsch aus, fand die Frau. Als Dekorationsstück. Und das war die Schreibmaschine dann auch für lange Zeit. Ab und an legte sich eine Staubschicht auf sie, und zwischendurch stieß sich die Frau an ihr. Die Tasten aber blieben unbenutzt.

Eines Abends fiel starker Regen vom Himmel und Donner und Blitz jagten einander. Es war so stürmisch, dass der Strom ausfiel. Die Frau, die gerade alleine in ihrem dunklen Wohnzimmer saß, hatte Mühe den Weg zum Schrank zu finden, in dem sie ihre Kerzen aufbewahrte. Natürlich gelang es ihr in der Dunkelheit nicht, ihrem neuen Dekostück auszuweichen und sie schimpfte über es. Als sie dann aber endlich ein paar Kerzen angezündet hatte, erschien ihr die Schreibmaschine plötzlich in ganz neuem Licht. Und was war denn das? Ein Zettel steckte darin mit den Worten:

„Eines Nachts gab es kein Licht mehr im Haus,"

Einen kurzen Moment lang fürchtete die Frau, es könnte noch jemand hier sein. Welche andere Erklärung sollte es für das hier geben, für den angebrochenen Satz auf diesem Blatt Papier? Für diesen armen, angefangenen Satz, der es nicht verdient hatte, so stehengelassen zu werden. Die Frau vergaß die Sorge um einen möglichen Eindringling und näherte sich der Schreibmaschine, die plötzlich eine solch' magische Anziehungskraft auf sie ausübte. Vorsichtig tippte sie mit ihren Fingerkuppen auf die Buchstaben und beendete den Satz mit den Worten:

„weil es draußen regnete."

Hmm … es regnete draußen, ja, aber allein deshalb fiel doch der Strom nicht aus. Sie stellte die Kerzen auf dem Kaminsims nieder und tippte weiter:

„Es regnete so fest, dass man nicht einmal den Donner vernehmen konnte. Blitze waren die einzige Lichtquelle in der Dunkelheit."

Ja, das klang sehr gut. Man konnte verstehen, dass aufgrund des Gewitters das Licht ausgefallen war, und gleichzeitig wurde das Naturschauspiel beschrieben. Die Frau war äußerst zufrieden damit, wie sie dem halbfertigen Satz das Leben gerettet hatte. So entfernte sie sich wieder von der Schreibmaschine und ging mit einer Ölkerze in die Küche, um sich auf dem heißen Holzherd, der das Erdgeschoss mit wohliger Wärme versorgte, einen Tee aufzusetzen. Das heiße Getränk tat gut und entspannte sie. Als sie sich an der Spüle anlehnte und dem Unwetter vor dem Fenster zusah, merkte sie, wie ihre Finger gegen die Tasse klopften, ganz, ganz leise. Da ging sie wieder zurück ins Wohnzimmer an die Schreibmaschine und schrieb:

„Im Haus der Frau war es still, beinahe unheimlich, so still war es. Aber das Radio funktionierte nicht, und es gab weit und breit niemanden, mit dem sie sich hätte unterhalten können. Sie war alleine."

Eine Melancholie machte sich im Inneren der Frau breit, sodass sie kopfschüttelnd und lachend aufstand und sich aufs Sofa legte. Schon komisch, da schrieb man einen lächerlichen Satz und schon fühlte man sich anders als noch vor dem einen blöden Satz. Die Frau trank den letzten Schluck Tee aus und befand, dass es wieder an der Zeit wäre, dass der Strom funktionierte. Der Kerzenschein und das wohlige Geräusch des Regens verpassten ihr einen Überschuss seltsamer Gedanken. *„Sie war alleine …"* Naja, die Aussage war wirklich zu negativ behaftet, als dass man sie so hätte stehen lassen können. Ruckartig erhob sich die Frau von ihrer – wohlgemerkt wirklich sehr bequemen – Couch und schob einen Stuhl an das Schreibdings.

„Sie war alleine, aber das störte die Frau nicht im Geringsten. Manchmal war es schön, einfach nur für sich zu sein."

Zufrieden nickte sie und wollte schon aufstehen, da dachte sie, dass die Geschichte so ja eigentlich noch recht langweilig war. Es war noch gar nichts Aufregendes passiert. Die Frau überlegte gut und glaubte, dass es toll wäre, wenn ihre Figur in der Geschichte den Strom wieder einschalten könnte, ganz alleine, ohne fremde Hilfe. Selbst ist die Frau. Das wäre doch eine sehr gute Botschaft, die die Geschichte liefern könnte. Jede Geschichte braucht doch auch eine Message. Also schrieb sie weiter:

„Mit einer Taschenlampe in der Hand ging sie in den Keller, um den Schalter im Stromkasten wieder umzulegen, aber da sah sie, dass das Problem gar nicht hier lag. Das war seltsam."

Gut, die Frau in ihrer Geschichte stand nun vor einem Problem, das sie würde lösen müssen. Vielleicht musste sie am Strommast etwas reparieren. Das wäre eine schwierige Aufgabe, die sonst meist nur Männer bewältigten – das glaubte die Frau zumindest. Wie hießen die Leute, die mit dem Strom arbeiteten? Waren das allesamt Elektriker, oder gab es da noch andere Berufssparten? Und was genau reparierte man denn eigentlich am Mast? Nun stand die Frau selbst auch plötzlich vor einem Problem, von dem sie im ersten Moment nicht wusste, wie sie es lösen könnte. Wie sollte sie über einen Strommast schreiben und über die Elektrizität, wenn sie selbst gar keine Ahnung davon hatte? Eine Lösung musste her. Da fiel ihr ein, dass es in Geschichten ja nicht immer der realistische Weg sein musste. Auf einmal breitete sich ein Bild im Kopf der Frau aus, das sich perfekt dazu eignete, in die Geschichte einzufließen. Wo das Bild bloß herkam? Sie wusste es nicht. Egal. Jedenfalls tippte sie weiter:

„Die Frau ging wieder nach oben und war sich nicht sicher, was sie nun tun sollte."

Die eigenen Gefühle mit einbauen, das kam gut! Weiter:

„Sie öffnete die Haustür und steckte den Kopf kurz hinaus, um die Lage auszukundschaften. Es schüttete noch immer, aber sie hatte wohl keine andere Wahl. Selbst ist die Frau, dachte sie, zog sich ihre Regenstiefel und ihren Regenmantel an und wagte sich ins Unwetter. Als sie auf das große Feld kam, erkannte sie, wo das eigentliche Problem lag."

Die Frau tippte und tippte, und die Tasten der Schreibmaschine machten „Tiptiptiptip" und die Schreibmaschine roch so schön nach Metall und der Farbe, die die Typenhebel auf das Blatt Papier klatschten, wo sie einen Buchstabenabdruck nach dem anderen hinterließen. Es war ganz schön anstrengend, in die Tasten zu hauen – und doch gleichzeitig so voller Leichtigkeit. Es war ein zufriedenstellendes, gar erfüllendes Gefühl, das die Frau dabei empfand, und sie spürte es bis in ihre Zehen, die immerhin in dicke, warme Wollsocken gepackt waren.

„Die Lösung des Problems war simpler als erwartet: Mitten auf dem Feld stand eine hohe Leiter, direkt an den Himmel angelehnt, und am Ende dieser Leiter befand sich ein riesengroßer Lichtschalter, der ausgeschaltet war. Vermutlich weil es so gewackelt hatte von dem vielen Donner. Allerdings wackelte es immer noch sehr, das heißt, auch die Leiter war sehr instabil.

Nichtsdestotrotz nahm die Frau all ihren Mut zusammen und stieg mit ihren kirschroten Regenstiefeln auf die morschen Sprossen des an sich unsicheren Konstruktes."

Wow, sie wurde immer besser. Der letzte Satz klang höchst professionell. Aber war das mit dem großen Schalter zu übertrieben? Sie fand, dass es das vielleicht war, aber es war eben auch unerwartet; diese überraschende Wendung riss die Geschichte aus dem doch recht gewöhnlichen Kontext. War das etwas Fantasie-Artiges oder gar der Auftakt zu Science Fiction, das sie da zu Papier brachte? Oder einfach nur ... ein Märchen? Die Frau lachte in sich hinein. Sie wusste gar nicht, dass sie solche speziellen Genres beherrschte. Höchst motiviert schrieb sie ihre Geschichte zu Ende:

„Als sie es endlich geschafft hatte, die Leiter zu erklimmen, zog sie mit beiden Händen und aller Kraft an dem großen Lichtschalter. Ein paar Mal rutschte sie ab, weil der Schalter klatschnass war vom Regen, aber dann schaffte sie es doch. Die Frau beobachtete, wie weiter unten und ringsum überall wieder die Lichter angingen, große und kleine, gelbe und weiße, auch ein kleines rotes konnte sie entdecken. Und auch in ihrem eigenen Haus wurde es wieder hell. Die Frau kletterte nach unten, kehrte zurück ins Warme und entledigte sich ihrer nassen Klamotten. Mit einer Tasse Kaffee setzte sie sich dann aufs Sofa, um fern zu sehen und stolz auf sich zu sein, weil sie mutig gewesen war und dafür gesorgt hatte, dass es überall wieder Strom gab."

Die Frau lehnte sich zurück und blickte auf die vielen Wörter vor ihr, die sie ganz alleine aneinandergereiht hatte. Es war schon spät, und der Strom funktionierte immer noch nicht, aber das war ihr in diesem Augenblick völlig egal. Erst jetzt merkte sie, wie müde sie war und wie ausgeschöpft. Ihre Ideen wohnten nun auf dem Blatt Papier vor ihr. Sie holte es aus der Schreibmaschine und legte es vorsichtig auf den Wohnzimmertisch. Anschließend ging sie zu

Bett. Vor dem Einschlafen war ihr letzter Gedanke dieses Tages der beschriebene Zettel auf dem Tisch im Wohnzimmer. Sie musste lächeln. Vielleicht war es ja die kürzeste Geschichte der Welt auf diesem einen Zettel, aber es war *ihre* selbstgeschriebene Geschichte – und darauf war die Frau mächtig stolz.

Die Humbeck-Frage oder: Gedanken einer Egoistin

„Wenn Sie prozentual ausdrücken müssten, wie authentisch Sie in ihrem Leben sind, welche Zahl wäre das?" Die Frage ging mir nicht mehr aus dem Kopf, seit Frau Humbeck sie mir gestern gestellt hatte. Gestern war noch gestern und die alte Frau noch voll da. Aber der Körper zog über Nacht ruckartig an dem, was ihr Wesen ausmachte und heute lag sie da, in den letzten Stunden scheinbar zehn Jahre gealtert, und wirkte kleiner als zuvor. So war das immer mit den sterbenden Menschen. Am Ende liefen sie ein wie ein Wollpullover, der zu heiß gewaschen worden war. Ich wusste, dass dies kein besonders schöner Vergleich war, aber ich fand, ich durfte solche abstrusen Gedanken haben, immerhin hielt ich seit Jahren die Hände dieser schrumpfenden Menschen. Viele meiner Mitmenschen hatten zwar Achtung vor dem, was ich ehrenamtlich tat, verstanden es gleichzeitig aber nicht – aus Angst vor dem Tod. Wie das so war, wollten sie ständig wissen, und worüber ich mit den Leuten redete. Nun, ich hörte ihnen zu, wenn sie ihr Leben beklagten oder davon schwärmten, wenn sie das Großartige nochmal aufleben ließen. Es gab Sterbende, die ständig über den Tod reden wollten, andere schoben ihn bis zuletzt beiseite. Manchmal erzählte ich ihnen von meinem Tag, der Arbeit in der Bank und meinem unerfüllten Traum, mit Kunst mein Geld zu verdienen. Von meinem Verlobten Finn, den Kindern und dem Leben zu Hause. Auch sterbende Menschen waren neugierig, fast so, als ob der Klatsch und Tratsch sie etwas länger vom großen Ganzen zehren ließe. Oft las ich ihnen Passagen aus meinen Lieblingsromanen vor, selten den ganzen Wälzer – meist bekamen wir es zeitlich einfach nicht mehr hin. Gedichte funktionierten daher ganz gut. Kurzprosa, lyrische Texte, so was eben. Ich für meinen Teil mochte nicht irgendwann alleine sterben und wenn ich in meinen letzten Stunden auf dem Erdenball noch einmal den

Jüngling in Schillers „Taucher" untergehen hören wollte, dann sollte mir verdammt noch mal jemand die deprimierende Ballade vorlesen. Und wenn es eine fremde Frau war, die das machte, na und? Am Ende zählte es doch nur, nicht alleine zu sein.

Wann immer eine Begleitung ihr Ende fand, breitete sich in mir ein eigenartiges Gefühl der Stille aus. Ich machte es mir zum Ritual, bei einem Spaziergang eine Zigarette zu rauchen, um mich in Gedanken zu verabschieden. Beim Ausatmen des Rauches merkte ich stets, wie all meine Emotionen mit rausströmten. Das half mir üblicherweise dabei, den Anblick eingelaufener Wollpullis loszuwerden oder mich nach dem Sex mit Männern zu entspannen, die nicht mein Verlobter waren.

Am Geländer unten am Fluss löschte ich meine Frau-Humbeck-Zigarette aus und merkte sofort, dass es damit dieses Mal nicht getan war. Ich musste gestehen, dass ich den alten kratzigen Wollpullover so gar nicht leiden konnte, aber irgendwie faszinierte mich die Frau, die darauf bestand, dass ich sie auf ihrem Sterbensweg begleitete, obwohl ich fand, dass meine Kollegin möglicherweise die passendere Begleitung sei. „Ich finde es für Ihren letzten Gang wichtig, dass Sie jemanden an ihrer Seite haben, mit dem Sie ganz auf einer Wellenlänge sind", hatte ich der garstigen Lady, deren Sympathie umgekehrt auch nicht gerade groß war, nach dem dritten Treffen sachlich mitgeteilt. Nicht gerechnet hatte ich mit folgender Antwort: „Mein Leben lang hatte ich nur Leute um mich herum, die mir in den Hintern gekrochen sind. Nicht weil sie mich mochten, nein – ich weiß, ich bin keine Person, die man sonderlich mag – sondern weil ich vermögend war und Einfluss hatte. Scheiße, was? Geld wie Heu, eine Klappe wie zwanzig besoffene Männer in der Kneipe, aber am Ende klein wie ein Wurm und mutterseelenallein." Seit jenem Tag war ich auf seltsame Weise angetan von Frau Humbeck. Zwar konnte ich sie noch immer nicht leiden, aber ich fand sie authentisch. Sie machte keinen Hehl daraus, unsympathisch, unfreundlich und grob zu sein, und das machte sie wiederum zu einer echt geilen Sterbenden.

„Wenn Sie prozentual ausdrücken müssten, wie authentisch Sie in ihrem Leben sind, welche Zahl wäre das?" Dies war einer ihrer letzten Sätze. Ich wünschte, ich könnte behaupten, es sei ihr allerletzter gewesen, aber nein: „Diesen Scheiß Fraß würge ich nicht hinunter! Herrgott nochmal, muss man denn in der Todeszelle sitzen, um hier etwas Schmackhaftes zu bekommen?" Ich war froh, dass sie keine weiteren philosophischen Anflüge kurz vor der Ziellinie hatte, aber ganz ehrlich: Die Authentizitäts-Frage beschäftigte mich und ließ sich auch nicht mit der zweiten Zigarette ausräuchern. Also ja, das Ding mit dem Tod, das war ich zu 100 %. Düster, aber sozial. Was war mit den anderen Teilen meines Lebens?

Ich war irgendwie unruhig und wollte noch nicht nach Hause. Also rief ich Jakob an, um noch mit ihm zu schlafen, bevor ich heimging. Es war sowieso angedacht, dass Finn alleine mit den Kindern aß, da ich davon ausging, Frau Humbecks Ableben würde sich bis in die späten Nachtstunden hinziehen. Aber sie wollte wohl sichergehen, das menschenunwürdige Abendessen heute zu verpassen.

Jakob zog mich in seine Wohnung und warf mich aufs ungemachte Bett. Er arbeitete von Zuhause aus – was praktisch war, wenn ich spontan vorbeikommen wollte. Ich konnte es mir einfach nicht abgewöhnen. Ich liebte es, Sex zu haben und meine Reize auszutesten. Ich brauchte ihn, um alles um mich herum zu vergessen, und um nur das zu spüren, was ich spüren wollte: meinen Körper. Keine Gefühle. Vielleicht war es schon fast krankhaft, vielleicht eine Art Kompensation für irgendetwas, das ich mit meinen 36 Jahren noch immer nicht benennen konnte, aber das Warum war mir ehrlich gesagt egal. Es war allerdings nicht so, dass ich niemals mit meinen Affären gehadert hatte, ganz im Gegenteil: Wenn mir mein Verlobter morgens den Kaffee an den Tisch brachte, meine dreijährige Tochter mich umarmte oder wenn mein Großer strahlend mit einer Eins von der Schule nach Hause kam und ich vor Stolz fast platzte, ja, dann fraß mich mein schlechtes Gewissen auf und meistens beendete ich meine aktuellen Affären dann auch. Aber ich verlor mich immer wieder im Rausch meines eigenen Körpers in der Fusion mit einem zweiten, genoss diese intuitive Symbiose und war alles und nichts zugleich, dachte an gar nichts und fühlte alles.

Das war definitiv besser als die Zigarette vorhin. Ich fühlte mich entspannt und zufrieden. Wie authentisch war das, was ich da gerade tat? War das ich? Die Fremdgeherin, die Betrügerin – poetisch ausgedrückt eine Liebessklavin? Wenn mich andere Leute in diesem Falle beurteilen mussten, dann war ich wohl schlichtweg eine egoistische Hure, nichts anderes. Wieso war mir dieser Gedanke egal? Ich war eine Mutter, Herrgott noch mal! Ich war verlobt. Ich hatte Verpflichtungen, die ich spätestens dann eingegangen war, als ich mit meinem ersten Kind schwanger wurde. Und ja, ich lebte eine Zeit lang genau danach, wie es sich eben gehörte und ich muss zugeben, dass ich eine Weile ganz gut damit lebte. Eigentlich war alles so, wie es sein sollte, nach außen hin zumindest. Aber in mir drin schrie und hämmerte ich gegen meine eigene Wand, die mich eigentlich schützen sollte vor all den schlechten Gewohnheiten von früher, den Gedanken, denen ich nicht mehr hinterherjagen und den Versuchungen, denen ich nicht mehr erliegen wollte. Der Mann an meiner Seite war fantastisch, die Kinder waren wunderschön, klug und das Beste, was ich je zustande gebracht hatte. Wir waren alle gesund. Aber vielleicht, und mir fiel Frau Humbecks Frage wieder ein, war ich in diesem Moment, als ich nackt und befriedigt neben einem Mann lag, von dem ich nichts weiter wusste als seinen Namen, die Adresse und seine Vorlieben im Bett, vielleicht war ich in diesem Moment mehr ich selbst, als ich es mir eingestehen wollte. Tja, wer wollte schon

einräumen, eine Hure zu sein? Aber ja, zu 69% wäre ich das wohl
… passenderweise.

Auf dem Weg nach Hause schob ich jeglichen Gedanken des Tages
beiseite. Die sterbende Humbeck, der mich von hinten vögelnde
Jakob und mein Eingeständnis, eine Schlampe zu sein. Als ich die
Tür hinter mir zusperrte, kam Emmi bereits angerannt, um ihre
kleinen Arme um meine Jeans zu schlingen, die ich mir noch vor
einer halben Stunde liebestrunken wieder angezogen hatte. „Komm
her, meine Kleine! Na, habt ihr schon gegessen?" „Ja, Papa hat
Lasagne gekocht, ganz alleine", erzählte sie mit schwärmenden
Augen. Wie sie ihren Papa vergötterte! Nicht zu Unrecht: Er war ein
guter Vater, ein toller Mann und auch wenn man es mir kaum
glauben mochte: Ich liebte ihn wirklich. Finn gab mir einen Kuss
auf die Wange, als ich mich an den Tisch setzte. „Iss du ruhig, ich
mache Emmi inzwischen fürs Bett fertig!" Da war es wieder. Das
kleine schlechte Gewissen, das mit seinen Ellbogen links und rechts
in meiner Magengegend ausschlug, bevor es sich durch die
Speiseröhre seinen blutigen Weg nach oben bahnte. Warum setzten
verrückte Menschen wie ich ihr Glück bloß immer wieder aufs
Spiel?

Später brachte ich zuerst Emmi, dann Jona ins Bett. „Mama? Wann
werde ich denn einschlafen? Also für immer meine ich." Jonas
Frage überraschte mich nicht – ich wusste, dass er sie irgendwann
stellen würde. Es beschäftigte ihn sehr, dass ich mit sterbenden
Menschen arbeitete, aber ich fand es wichtig, mit meinen Kindern
offen und ehrlich darüber zu sprechen. Das beste Vorbild für
Ehrlichkeit war ich ganz allgemein gesehen wohl nicht, aber ich
war keine schlechte Mutter. Bestimmt nicht perfekt, aber ich gab
mir Mühe. Wie jede Mutter würde ich für meine Kinder sterben,
keine Frage. Und ja, ich würde sogar darauf verzichten, dass mir
dabei jemand den Schiller vorlas, wenn ich nur sichergehen konnte,
dass es meinen beiden Schätzen gut ging. „Menschen, die sterben,

schlafen anders ein als du und ich", antwortete ich ruhig. „Sie sind nicht müde vom Tag, sondern müde vom Leben. Diese Menschen erzählen mir ständig, was sie alles erlebt und getan haben und wissen, dass sie alles soweit erledigt haben, bis vielleicht auf ein oder zwei Kleinigkeiten. Und dann helfe ich ihnen, diese noch zu Ende zu bringen. Hast du denn alles schon erledigt?" Jona überlegte. „Nein Mama, ich muss morgen noch das Referat über den Brachiosaurus beenden, das wir heute angefangen haben." „Na siehst du. Und du hast noch ganz viel zu Ende zu bringen. Die Schule zum Beispiel. Und das Beste ist ja, dass es immer wieder neue, schöne Aufgaben zu bewältigen gilt – du hast also noch ganz schön viel vor in deinem Leben. Du sprichst ja auch ständig davon, Architekt zu werden und richtige Häuser zu bauen. Dann verdienst du dein eigenes Geld und kannst dir ein Haus kaufen. Und vielleicht möchtest du ja mal heiraten und Kinder bekommen …" Ich hielt kurz inne. Bin das ich? Sage ich gerade diese Dinge zu meinem Sohn? Ist dieser „klassische" Weg denn für alle Menschen der richtige? Wann habe ich diese Floskeln, die ich nicht mal selbst vertrete, verinnerlicht? *„Wenn Sie prozentual ausdrücken müssten, wie authentisch Sie in Ihrem Leben sind, welche Zahl wäre das?"* 37% gerade. Höchstens. Ich versuchte, ehrlicher fortzufahren: „Oder vielleicht überlegst du dir alles ganz neu, und alles was du erlebst, wird eine Überraschung. Stell dir vor, das Leben ist irgendetwas Essbares. Aber es gibt weder ein Rezept dafür noch ein Verfallsdatum. Wir sollten es einfach genießen. Wenn du irgendwann merkst, dass man das Leben nicht planen kann und du das Gefühl hast, wirklich glücklich zu sein, dann kannst du für immer einschlafen und du wirst keine Angst mehr davor haben. Das heißt aber eben auch, es passiert, wenn es passieren soll. Keiner kann uns da eine genaue Zeit sagen. Und das ist auch gut so, denn nur so bleibt das Leben genießbar." „Das Leben ist ein Essen, Mama?", lachte Jona. „Du spinnst!" Unwillkürlich musste auch ich lachen. „Ja ich weiß … Aber ja, das Leben ist ein Essen. Lass es dir also schmecken! Schlaf gut, mein Großer."

Als ich Jonas Zimmer verließ, spürte ich das Handy in meiner Gesäßtasche vibrieren. „War geil heute, kommst du morgen wieder?", las ich draußen im Flur und merkte, dass mein Gewissen mit dem Kribbeln zwischen meinen Schenkeln konkurrierte. Eine zweite SMS bekam ich von meiner Mama, die sich danach erkundigte, wann wir denn endlich mal wieder vorbeikämen. Und mir fiel ein, dass ich meiner besten Freundin versprochen hatte, sie heute noch anzurufen, damit sie mir von ihrem neuen Job erzählen konnte. Tochter, Geliebte, Freundin, Mutter, Fast-Ehefrau, Sterbebegleiterin, Bankkauffrau. Welches war meine Reihenfolge? Ich steckte das Handy in meine Gesäßtasche, ging ins Wohnzimmer und legte mich neben meinen Verlobten aufs Sofa. Mit dem Gefühl, von all den Anforderungen meiner zig Rollen erdrückt zu werden, schloss ich die Augen. „Willst du noch reden oder fernsehen?", fragte er. Ich schüttelte den Kopf und Finn stellte keine weiteren Fragen. Vielleicht war das der Grund dafür, warum wir schon so lange zusammen waren. Ich war mir nie ganz sicher, ob er nicht doch ahnte, was ich abseits „unseres", des „normalen" Lebens so trieb. War „normal" mit „authentisch sein" gleichzusetzen? Wohl kaum. Normal war das, was innerhalb der Gesamtheit als geläufig galt. Was gesellschaftstauglich war, vorzeigbar. Worüber man sprach, ohne rot anzulaufen oder ohne sich rechtfertigen zu müssen. Meine Affären fielen eindeutig durch dieses vernünftige Raster. Aber war es nicht verrückt, dass dies zum Beispiel auch meine ehrenhafte Arbeit als Sterbebegleiterin tat? Wenn ich mit irgendwelchen Leuten darüber sprach, taten sie fast so, als wäre ich der Tod höchstpersönlich. Wie würden die Leute mich wohl ansehen, wenn sie wussten, dass ich mich anschließend noch auf fremden Küchentischen vögeln ließ, während zuhause meine Familie an unserem auf mich wartete, mit Lasagne, die ich morgens noch eigenhändig zubereitet hatte? Wie das alles zusammenpasste, würden sie sich fragen, und ganz ehrlich: Eine Antwort hätte ich genauso wenig parat, wie sie.

Finn streichelte mich am Arm und nach einigen Sekunden hörte ich, wie er tiefer und gleichmäßiger atmete. Seit nunmehr elf Jahren schlief er immer vor mir ein. Sprang für mich von der Klippe, um mir den goldenen Becher aus dem Ozean zu holen. Ich fragte mich im Stillen, warum er noch nie ein Wort über all das verloren hatte, was außerhalb dieser vier Wände geschah. Nach dem wievielten Sprung würde er nicht mehr zurückkehren von seinem Tauchgang? An diesem Abend lag ich noch lange wach, denn ich musste erst mit dem Gedanken fertig werden, dass auch ich womöglich zu den Menschen gehörte, die man nicht sonderlich leiden mochte. Ich war ... eine Humbeck. Ich war eine, die nach anderem Essen schrie, weil sie mit dem, das sie aufgetischt bekam, nicht zufrieden war. Ich war die, die zwar auch Gutes in ihrem Leben tat, sich damit aber für alles andere rechtfertigte. Die Tatsache, dass ich eine genauso auf sich bezogene Frau war wie die Alte, die heute Nachmittag mit wütend gerunzelter Stirn verstorben war, ließ mich nicht einschlafen. Als mir dann irgendwann doch die Augen zufielen, träumte ich, dass ich einer jungen Frau letzten Beistand leistete. Als ich ihr die Stirn abtupfte, war es mein eigenes Gesicht, das ich unter mir auf dem Sterbebett liegen sah. Ich fragte mich im Traum selbst: „Tut dir das gut?" und hörte mein sterbendes Ich sagen: „Naja, lieber würde ich noch einmal mit deinem Mann vögeln, als von einem Früchtchen wie dir abgetupft zu werden." Mit dem Schlaf war's das also für diese Nacht.

Es war der nächste Tag und ein Mittwochmorgen, an dem ich im Büro an meinem Schreibtisch saß und durch die Glastür all die Leute beobachtete, die ihre Bankgeschäfte zu verrichten hatten und insgeheim hoffte, dass niemand von ihnen meine Dienste in Anspruch nehmen würde. Ich konnte wirklich behaupten, dass ich – zumindest an diesem Tag – Menschen hasste. Aber vielleicht waren es auch nicht die Menschen, sondern nur diese Mist-Frage der

Humbeck. Wer war ich? Wer war ich wirklich? War das die Sinnkrise, die alle Frauen um die 40 herum bekamen? Ich war erst 36 und eigentlich fühlte ich mich in mancher Hinsicht nur halb so alt. Reife war nicht meine Stärke, obwohl ich das mit der Arbeit und dem Mama-Sein und den ganzen Rest doch irgendwie ganz gut auf die Reihe brachte. Aber war ich nur das? War ich nur diese Mama Schrägstrich Bankkauffrau mit engem Rock und Seidenbluse hinter einer Glaswand? Machten mich die Menschen vor der Glastür und überall da draußen genau dazu? Eigentlich hasste ich diesen Rock – jeden Morgen, wenn ich mich zurecht machte, hatte ich das Gefühl, mich zu verkleiden. Was ich lieber angezogen hätte? Jeans und ein schulterfreies Top. Bauchfrei wollte ich auch manchmal gern sein und mir Blumen ins Haar flechten. Eine schlechte Wahl für eine Bürokauffrau. Eine noch schlechtere Wahl für eine Mutter Schrägstrich Bürokauffrau über 30. Aber die Leute da draußen verlangten, dass ich in meinem Bürorock und meiner Bürobluse und meinem Bürolächeln hier drin saß und ihnen die Beratung gewährte, die sie brauchten. Diesen Teil von mir mochte ich gar nicht. Diese Berufsmaskerade. Schlechte 8% würde ich also sagen. Vielleicht hätte ich doch meinem irrationalen Traum vom Malen nachgehen sollen. Dann hätte ich sitzen können, wo immer und wie ich es wollte. Auf dem Boden, mit einem viel zu großen schwarzen Band-T-Shirt bekleidet und barfuß. Oder nackt, mit den hässlichen Plateau-Schuhen aus den 1990er Jahren, die ich damals so richtig geil fand. Mit Farbklecksen auf den Fuß- oder Plateausohlen und mit natürlich nicht perfekt frisiertem Haar. Ich hätte lauthals singen können, während ich meinen Pinsel eintauchte, ein neues Grün erfand, mit meinen Fingern über die riesige Leinwand strich und den sorgfältig aufgetragenen Farben neues Leben schenkte.
Im Büro und im Leben gab es keinen Platz für neue Farbnuancen. Ich realisierte, dass ich meinen Affären wohl deshalb so große Bedeutung schenkte, weil ich durch sie im übertragenen Sinne die Malerin war, die ich immer hatte sein wollen. Nie hatte ich den

Wunsch gehabt, in einer Bank zu arbeiten. Aber man musste nun mal einen vernünftigen Beruf erlernen. Und wenn ich ehrlich war, hatte ich es mir auch nie vorstellen können, Kinder zu bekommen. Aber es gehörte zum Leben einer Frau dazu. Ich liebte meine Kinder, aber ich liebte es nicht immer, Mama zu sein. Man würde mich auspeitschen, würde ich so etwas jemals laut aussprechen. Und doch stellte ich mir einen Moment lang vor, wie es wäre, wenn ich selbst eine weiße Leinwand wäre und ich sie genauso gestalten könnte, wie ich es wollte. Wie würde sie am Ende aussehen? Ich blickte auf die Zettel auf meinem Bürotisch mit den vielen Ziffern und Beträgen, Kunden und Kontokorrentnummern, die mich im Grunde Null interessierten, und wusste um mein metaphorisch tosendes Meer. Wie es schien, schien der Schlund der Charybde weiter aufgerissen zu sein als gedacht, aber war ich die, die sich hineinstürzen würde? Hatte ich mich nicht längst schon hineingeworfen in diese verrückte Frage? Oh, dieser Wollpullover! Dieser verdammte Wollpullover.

Alma

Schriftstellerin Alma Becker wusste nicht, ob es an dem nordischen Aussehen lag oder an der Tatsache, dass die fremde Frau am großen Gartentisch ganz alleine hier war, aber irgendetwas Eigenartiges hatte sie an sich. Etwas Faszinierendes, Anziehendes.

Es war bereits der dritte Nachmittag, den die 39-jährige Alma auf der Hütte mitten im Nirgendwo der Berge verbrachte und sie musste über sich schmunzeln – denn eigentlich war sie selbst ja auch alleine hier, genauso wie die Frau mit dem blassen, ungeschminkten Gesicht und dem kinnlangen Haar, das so blond war, dass es fast schon weißlich schimmerte. Und trotzdem ... Im Gegensatz zu Alma und den wenigen anderen Hausgästen – fast allesamt eigenbrötlerische Alleinreisende bis auf zwei Pärchen – stach die Fremde, die vermutlich aus einem der skandinavischen Länder stammte und deren Alter man absolut nicht einschätzen konnte, besonders hervor. Man hörte sie nie mit einem der Gastgeber oder der Kellner reden, nie brach sie zu einem Spaziergang oder gar zu einer Wanderung auf. Sie lehnte sich nie zurück, streckte nicht ein einziges Mal ihr Gesicht in die Sonne. Alma Becker konnte die Frau immer nur dabei beobachten, wie sie las. Sie las und las und las, und das eine Buch, in das sie sich da Tag für Tag vertiefte, schien nie zu enden.

Während Alma auf der Bank vor der Hütte die Sonnenstrahlen in sich aufsog und einige Notizen zu ihrem neuen Roman niederschrieb, überlegte sie gleichzeitig, wer die fremde Frau wohl war, wie sie hieß, woher sie kam und was sie hierher verschlagen hatte. Nach einiger Zeit hatte die Fremde aber offensichtlich doch genug gelesen, und sie ging in ihrem blau-weiß gepunkteten Rock und ihrem dunkelblauen Pulli wort- und blicklos an Alma vorbei ins Haus. Die Autorin bemerkte erst jetzt, dass sie fast zwei Stunden damit zugebracht hatte, über eine ihr völlig unbekannten Frau nachzudenken. In ihrem Notizheft: nicht mehr als angebrochene

Sätze und einige Wörter. Der Rest war Gekritzel, Geschnörkel und der klägliche Versuch, die Silhouette eines Laubbaumes zu malen.

Alma, die – wie ihr klar war – vermutlich selbst recht wunderlich auf den einen oder anderen Betrachter wirkte, tadelte sich in Gedanken selbst. Aber sie kannte diese plötzlichen Abwesenheiten von sich schon. Dieses Mit-dem-Kopf-nicht-mehr-in-der-Situation-Sein, sondern schon in einer ihrer tausend Ideen. Sie war nun mal etwas aus der Norm gerückt. Verrückter gar. Empfindsamer als andere. Sie nahm die Welt intensiver und in all ihren Details wahr und verlor sich in Orten, in anderen Menschen, in Ereignissen und Geschichten. Alma Becker hatte sich daran gewöhnt, eine Außenseiterin zu sein, und fand es eigentlich gar nicht schlimm. Sie beschloss, sich mit der fremden Frau anzufreunden, denn vielleicht – so hatte die Autorin das Gefühl – könnte genau diese fremde Frau die entscheidende „Zutat" für ihre neue Geschichte sein. Also schloss Alma Becker ihr Notizbuch und folgte der Fremden ins Haus.

Dieses Haus, eigentlich eine Art Berghütte, die in ihrer Art so ungewöhnlich war wie die Gäste, die zeitweise darin wohnten, war einer jener Orte, an denen Almas Gedanken sich festsaugen konnten – daher kam sie mindestens einmal im Jahr hierher. Ihre letzten Romane hatten schließlich erst hier ihre gewünschte Form bekommen – und es hatte allen Anschein, als würde es wohl auch dieses Mal so sein.

Es war der knarrende Holzboden, es waren die beinah' verblühten Wiesenblumen in den verstaubten Vasen und das weiße Porzellangeschirr in den Kommoden. Es waren die Schlüssel an den Zimmertüren und die kleinen Drehknöpfe der Lichter. Es war das umliegende Nichts an Gräsern, Bergen und Grillenzirpen. Die Ruhe. Die inspirierende und gleichzeitig verstörende Einsamkeit des Hauses. Die knarzenden Treppen, die nach oben zu den spartanisch eingerichteten Zimmern führten.

Im ersten Stock angekommen erblickte Alma eine angelehnte Zimmertür. Es war die ihre. Hatte sie vorhin vergessen sie abzuschließen? „Das kann eigentlich gar nicht sein", dachte sie verwundert. Immerhin kontrollierte Alma Becker Türen und Fenster immer sechs Mal, bevor sie ihre Wohnung zuhause oder hier ihr Zimmer verließ. Sechs Mal. Nicht öfter, aber garantiert nicht einmal weniger.

Sobald sie zur Tür trat und sie öffnete, wurde es noch stiller im Haus. Die Fremde saß auf Almas Bett, ihr Buch lag geöffnet neben ihr auf dem Kopfkissen. Sie sah Alma direkt an, wortlos und zeigte mit dem Finger darauf. Alma fühlte sich wie in einem Tunnel, durch den sie nur in eine Richtung gehen konnte. Stumm machte sie die Tür hinter sich zu, ging zum Bett, nahm das Buch in die Hand und erkannte, dass es ein Notizbuch war. Darin: angebrochene Sätze, einzelne Wörter, Kritzeleien, Geschnörkel und der klägliche Versuch die Silhouette eines Laubbaumes zu malen. Verständnislos blickte Alma zu der Fremden, die aufstand und sich nackt auszog. Ihr Gesicht veränderte sich nicht dabei, ihre Bewegungen waren unaufdringlich und natürlich. Sie stand da, mit ihrer porzellanfarbenen Haut, den hellblonden Haaren und einem kurvigen Körper, der einer unter Tausenden war, doch in diesem Moment war er der eine. Und sie nahm Almas Hände. Sie führte deren Finger über ihre Brüste, ihren Bauch, ihre Scham. Der Tunnel, durch den Alma immer weiter voranschritt, wurde plötzlich ein Rauschen voller Haut, Küsse und sanfter Bewegungen, voller gehauchter Wörter, Gefühle und Gedanken, die erst zu einem späteren Zeitpunkt Gestalt annehmen würden.

Etwas später schlief die Fremde, von der die Schriftstellerin noch immer nicht wusste, wer sie war oder woher sie kam, und die sie noch immer nicht hatte auch nur ein Wort sprechen hören, neben Alma Becker im Bett. Sie schlief so friedlich, als hätte sie schon immer hier geschlafen. Alma erhob sich leise und ging ins Badezimmer, um sich die Zähne zu putzen und ihr Gesicht von der verwischten Wimperntusche zu befreien. Als sie ihr blasses, ungeschminktes Gesicht im Spiegel sah und das Wasser ihr von Nasenspitze und Kinn tropfte, atmete sie tief durch. Dann rückte sie ihr hellblondes, fast schon weiß schimmerndes Haar wieder zurecht, zog sich ihren blau-weiß gepunkteten Rock und ihren dunkelblauen Pulli über und ging ins Schlafzimmer zurück. Das Bett war leer und ungemacht. Almas Buch war vorhin auf den Boden gefallen. Der Boden ächzte, als sie es aufhob. Draußen war es noch hell, und sie beschloss wieder hinunter zu gehen, an den großen Tisch im Garten. Vielleicht würde sie heute mit einem der Kellner ein Gespräch beginnen, oder vielleicht würde sie einen kleinen Spaziergang an den Weiher machen, bevor sie an ihrem Roman weitertüftelte. Sie war die letzten Tage ja nur im oder vor dem Haus gewesen.

Ja, es war ein inspirierendes Haus, ein sehr ungewöhnliches. Es war der knarrende Holzboden, es waren die beinah' verblühten Wiesenblumen in den verstaubten Vasen und das weiße Porzellangeschirr in den Kommoden. Es waren die Schlüssel an den Zimmertüren und die Drehknöpfe der Lichter. Es war das umliegende Nichts an Gräsern, Bergen und Grillenzirpen. Die Ruhe. Die inspirierende und gleichzeitig verstörende Einsamkeit des Hauses.

Über die Autorin

Sarah Meraner, 1987 in Bozen geboren, hat das Schreiben von Geschichten und Gedichten schon für sich entdeckt, als sie gerade mal die ersten Wörter und Sätze zu Papier bringen konnte. Heute arbeitet die Mutter eines Jungen als Texterin und Storyteller in einer renommierten Südtiroler Content Marketing- und Kommunikationsagentur. Seit 2017 veröffentlicht sie auf ihrem Blog „Geschichten im Kopf" und auf ihren Social Media-Kanälen Kurzgeschichten, philosophische Texte und Gedichte. Ihrer Kreativität und Gedankenwelt verleiht sie auch auf der Bühne bei Poetry Slams Ausdruck sowie in ihren Arbeiten im Bereich der bildenden Künste. Die Anthologie „Wörter Vernissage" ist ihr Erstlingswerk.

www.geschichtenimkopf.com
www.facebook.com/geschichtenimkopf1411
www.instagram.com/geschichten.imkopf/